U0164993

波德莱尔

Baudelaire

施康强 译

人民文学出版社

著作权合同登记号　图字 01-2022-5628

图书在版编目（CIP）数据

波德莱尔/（法）让-保尔·萨特著;施康强译.—北京:人民文学出版社,2023

ISBN 978-7-02-018226-8

Ⅰ.①波… Ⅱ.①让…②施… Ⅲ.①波德莱尔（Baudelaire, Charles 1821-1867）—传记 Ⅳ.①K835.655.6

中国国家版本馆 CIP 数据核字（2023）第 174577 号

责任编辑　黄凌霞
装帧设计　黄云香
责任印制　张　娜

出版发行　人民文学出版社
社　　址　北京市朝内大街 166 号
邮政编码　100705

印　　刷　三河市延风印装有限公司
经　　销　全国新华书店等

字　　数　94 千字
开　　本　787 毫米×1092 毫米　1/32
印　　张　6.75　插页 3
印　　数　1—3000
版　　次　2023 年 10 月北京第 1 版
印　　次　2023 年 10 月第 1 次印刷

书　　号　978-7-02-018226-8
定　　价　59.00 元

如有印装质量问题，请与本社图书销售中心调换。电话:010-65233595

译　序

　　波德莱尔生前怀才不遇，备遭厄运，身后却是说不尽的风光，被尊为现代诗歌的创始人。两位权威的波德莱尔专家，美国纳什维尔城万德比特大学的教授皮叔瓦和齐格勒合著的《波德莱尔传》最近出了增订版。据他们的统计，迄今为止，关于这位法国诗人的论文与专著已达五万种。萨特1947年发表的《波德莱尔》别具一格，当年曾轰动一时，今天在汗牛充栋的"波学"著作中仍占有特殊地位。

　　一般传记作者对传主都采取仰角，萨特这本书虽不是严格意义上的传记或评传，但他却用了俯角。采取仰角，自然是因为传主是伟人或大名人，作者为学究或小作家，心理上先已处于劣势。萨特当时的声望已如日中天，不让波德莱尔的身后荣名，何况他只是把后者作为一个个案，借以实验他发明的存在精神分析法。他手里拿着手术刀，波德莱尔不过是他解剖的一具尸体。所谓存在精神分析法企图用存在主义调和马克思主义和精神分析法，在更大程度上接受的似乎是弗洛伊德而不是马克思。弗洛伊德强调童年经验，特别是性经验对一个人的一生的影响，萨特强调的则是一个人早年的形而上选择，"原初选择"，对他成为他日后的那个样子的决定性影响。

普遍认为，波德莱尔的一生与他的这个人不相称。这个天才得不到社会的理解与尊重，终生穷困潦倒；他的母亲改嫁，继父与他如水火不相容；他挥霍成性，情妇偏生吝啬；他趣味高雅，却染上一身梅毒，等等。萨特要证明，他的一生正是他自己选择的。他的母亲曾是他崇拜的偶像，他在母亲身边如同在一个圣殿里一样得到庇护。这个为他如此热爱的妇人竟然再嫁给一名军人，把他寄养在别人家里，于是就产生他一生中那个有名的"裂痕"。他觉得自己被抛弃了，感到孤独，并且把这种孤立设想成一种宿命。"这意味着他不限于消极地承受这种孤立并且希望它是暂时的；相反，他不顾一切地扑上去，把自己关在里面；既然人们判处他孤立，至少他要求这个判决是不可更改的。"这就是他为自己做出的原初选择。他发现并且要求自己是与众不同的。像一个赌气的孩子索性夸大自己的错误，一切自暴自弃、惊世骇俗的行为，莫不起源于此。他的孤独赋予他若干义务和特权，他要求他的父母承认它，以便让他们认识到他们的错误有多大，从而达到惩罚他们的目的。他的反抗是形而上的，其实他认同、接受他反抗的伦理价值。《恶之花》有伤风化案审理期间，他没有一次曾企图为自己的书的内容辩护，没有一次曾尝试向法官解释他不接受警察和检察官的道德。他需要有人审判他，需要权威的引导，甚至在性领域。他寻花问柳，尤其是残花败柳，而他真正赞赏的却是冷淡的、无动于衷的女人。有诗为证："在这卖春女的身旁，我不由想起／我求之不得的美貌多愁女郎……／因为我真会狂吻你高贵的肉体……／如果在某个夜晚，哦，冷酷的女王，／只要你能自然而然地流出泪珠，／使你那冷冰冰的眸子暗淡无光。"冷淡的女人是审判官在性领域的化身。他与堕落的女人厮混，正是为了能在她们身旁想念可望而不可即的冷若冰霜的女人。

总之，萨特认为，波德莱尔的一切是他精心设计的，连他的梅毒病，几乎都是他决心染上的。这也有诗为证，因为污秽、肉体的苦难、疾病、医院，这一切对他都是诱惑："更严重的缺陷，是她戴着假发，/青丝已从她洁白的颈窝飘离；/可这不妨碍情人的热吻如雨点/落在她比麻风病人更剥蚀的额际……"

萨特自称与诗无缘。心折波德莱尔诗艺的读者读这本书或许会大失所望，甚至不能容忍哲学家焚琴煮鹤，大煞风景。如果萨特偶尔也引用波德莱尔的诗（他更多引用的是书信），那只是为了分析"诗的事实"，不作艺术赏析。而种种分析，归根结底都是为了证实存在主义哲学的一个基本命题：每个人的一生都是他自己选择的，因此每个人都要对自己的一生负责。波德莱尔毕生追求"不负责"，唯其因为这个"不负责"是他追求的，所以他要对之负责。读萨特这部著作，我们固然可以从某个特定角度加深对波德莱尔的理解，更主要的，是我们看到一位大师如何应用他得心应手的理论和方法，做出极其漂亮的论证。

施　康　强

原载《中华读书报》1998 年 2 月 18 日

原　序

　　确定什么是波德莱尔的使命（被选择的、受召唤的，至少是同意接受的命运，而不是消极忍受的命运），并且确定，假如诗是一项信息的载体，在我们审察的这个案例里什么是这项信息的最富人性的内容。哲学家在这里的介入既不同于批评家，在相等的程度上也不同于心理学家（医生或非医生）和社会学家。因为对于哲学家来说，问题不在于在精密天平上称量波德莱尔的诗（对它作出价值判断，或者设法提供理解它的钥匙），也不在于如同对待物质世界的某一现象那样，分析《恶之花》的诗人这个人。而是相反，力图在内心重演波德莱尔这个典型的"受诅咒的诗人"的经历，而不是仅仅考察这个经历的外在表现（即自己从外部审视它），而且为了能做到这一点，同时把他在其严格意义上的著作之外向我们披露的心曲，以及他与亲友的通信中提供的材料作为主要依据——这便是本书作者作为哲学家为自己规定的任务。何况今天再版的这个文本最初是作为一部《私人手记》的"引论"而问世的，此一事实足以说明作者为自己设置的界限。还指出另外一点也是不无裨益的：这个文本是献给这样一个人的①不管人们对其人其书持什么看法，人们可以观察到此人迄今为止的命运——此人一直是以同时兼为罪犯和诗人而自夸自耀，而社会也确实一连多年把他关在大墙后面。

这部研究著作的各个部分既然以等角投影的综合方式相联结，因此毫无解释波德莱尔的散文和诗作中的独一无二之处的抱负；也丝毫不存在用一个公共尺度，去归约一个正因其是不可归约的才具有价值的东西的尝试——这样一种尝试是注定要失败的；当这篇引论的作者在最后几页，作为对他自己的方法的正确性的一种考验，冒着风险去审察波德莱尔的"诗的

① 萨特把本书献给让·热内（1910—1986），小偷、同性恋者、诗人和剧作家。

事实"——他审察的不是诗，而是他称之为"诗的事实"的东西，这样一来，就把界限划得很清楚了——他走到门槛就停住了。

也不存在任何拆卸精神乃至生理机构的狂妄企图。若想这样做，就要把当事人贬低为物，一件人们观看的"可怜的"物。为了表明自己并非完全无动于衷，人们遇有必要，在观看这个物时还会做出怜悯的样子，其作用好比给自己戴上手套。对于著有《存在与虚无》的现象学家来说，他既无意用博学的或抒情的风格为一部理想的文学教科书写作《波德莱尔》那一章，也不想跟在别人后头，假惺惺地也去倒腾一个诗人足以垂戒后人的一生，把自己发明的一种解释加在其他种种有时极为卑劣的解释之上。萨特选择了把建立一种自由哲学作为他的活动的可触及的目标，对他来说，主要想做的是从人们关于波德莱尔这个人物已知的事情中引申其意义；他对自身作的选择（成为这个而不是那个）——他和任何人一样，在有生之初，也从一个瞬间到另一个瞬间，在他被历史性地界定的"处境"的大墙脚下，作出有关自身的选择。有人即便在最艰难的境遇中也不低头屈服，有人在顺境中也作为战败者而行动；至于他，波德莱尔，假如说他留给我们的形象是一个遭唾弃的、不公正地备受厄运折磨的人的形象，他那坎坷的命运与他本人之间并非没有某种同谋关系。因此，我们离开为满怀虔诚的或曲意回护的传记作家们所喜欢的那个受害者波德莱尔很远，可是作者为我们提供的不是圣徒传，也不是病例描述；他勾勒的是一个自由的历险记，不过因为这是基于另一个自由对这个自由的了解而作出的，其中必定有猜测的成分。这场历险像是追求不可能解决的化圆为方（自在存在与自为存在的融合，每个诗人都遵循他自己特有的途径拼命追逐这个目的）问题的答案。这场历险中没有流血的插曲，但是人们仍旧可以认为它具有悲剧性，因为它们明确地以两极的不可克服的二元性为动力，而对于我们，此二元性是不可能有间断的意绪纷乱和心灵分裂的源泉。在这场历险中，借用本书结尾的那句话来说，"人对他为自己所作的自由选择，与所谓的命运绝对等同"，而偶然性的作用似乎是不存在的。

即便忽略不计论点本身（它接受以作者关于他所谓的"原初选择"的想法为主要公设）可能遭受某些

人的责难，作者以波德莱尔这个难以纳入某一模式的诗人为对象，努力做理性的重构，此一努力中难道不包含某种程度的滥用权力？更重要的是，以这种破门而入的方式闯入这样一个人的意识（倘若这是可能的），这难道不是潇洒过分，除非这干脆就是亵渎？

不过那就等于断言，所有大诗人都在凡人不能企及的另外一个天地中居住，他们奇迹般地逃离了人的状况，而不是相反，他们是被选中的镜子，人的状况在他们身上比在任何其他人身上能得到更清晰的反映。假如说伟大的诗是存在的，那么人们就永远有理由询问那些愿为伟大的诗做代言人的人，试图进入他们内心最秘密的角落，以便对他们作为人所梦想的事情，有个更清楚的了解。而当人们寻求这样做时，人们在接近他们时，就不能像感染了宗教狂热那样若有神灵附身，口中念念有词，而是应该用最严格的逻辑武装起来，同时对待他们（不管他们多么看重自己的特殊性）如同他们不过是平起平坐的邻人而已。舍此之外，没有他法。

然而萨特此举虽然大胆，却对波德莱尔的天才毫无不敬之心，也丝毫没有低估诗在他心目中的至高无上的地位。保留一个禁区（唯理主义在诗本身的领域里无用武之地）之后，这个诗人的作品仍旧如同由一个人手中的笔制造的产品一样，一直来到我们面前。而这只手又是通过写作，由一个追逐某一目的的人驱动的。对于任何爱读书的人，对于把读到的文字当作思考动机的人，显然应该听凭他完全自由地运用自己的智慧去澄清此一目的。类似的企图——归根结底，此类企图旨在通过对某些天赋特别丰厚的人曾经追求的东西作更精确的理解，为自己解释清楚自己的追求所在——并非侮辱性的侵犯行为。有些人的眼睛只盯住一些禁不住更强烈的阳光照射的脆弱的神秘，除了对于这些人，此类企图激起的浪花都不会对真正的诗具有腐蚀性。人是真正的诗的依托，而真正的诗中包含的对人的任何新的看法，不管此一看法不可避免地仅是近似的，只会使真正的诗产生更深远的回响。

萨特如他自己承认的那样与诗无缘，而且至少可以说他对诗的一往情深的追随者们有时出奇的严酷（例如在他的论著《什么是文学?》中对超现实主义不经审判便立即处决，足资证明）。对于萨特，我们应该在这里承认，他的功绩不仅在于在波德莱尔的作品中找出几组未被突出的泛音，不在于他指明，在波德莱尔的一生中只看到"厄运"是不对的。归根结底，他的一生具有最崇高意义上的神话的性质，以致这个神话的主人公成为这样一个人，在他身上，宿命与他自身的意志齐心协力，而且他似乎还迫使命运为他制作雕像。

米歇尔·莱里斯①

---

① 米歇尔·莱里斯(1901—1990)，法国超现实主义作家。

献给让·热内

"他的一生与他这个人不相称。"这句给人安慰的箴言，为波德莱尔的一生似乎提供了最好的图解。他自然不该有这个母亲，这种永久拮据的经济状况，这个家庭监护会，这个嗜酒成性的情妇和这身梅毒——再说：还有什么比他的英年早逝更不公平的？然而，细细想来，便会产生一个疑问：假如我们考察他这个人本身，他既不是没有缺点，而且似乎也不乏矛盾；这个邪恶者一经信奉了最平庸、最严格的道德观念便不再改变，这个趣味高雅的人光顾最低贱的妓女，他之所以不离开罗赛特瘦弱的躯体是因为他喜爱贫贱，而他对"犹太丑女"的爱情好像预告了日后他对雅娜·杜瓦尔的眷恋；这个孤独者对孤独害怕到了极点，没有伴侣他从不出门，他渴望有个家，能过家庭生活；这个颂扬奋斗的人却意志薄弱，不能迫使自己有规律地工作；他吁请人家出门旅行，他要求置身异地他乡，梦想陌生的国度，而他自己犹豫了六个月才出发前往翁夫勒，而且他一生中这次唯一的旅行，对他来说不啻是长长的磨难；他对受托监护他的庄重人士公开表示轻蔑乃至仇恨，然而他从未寻求摆脱他们，也没有错过一个机会承受他们严父般的训斥。他本人与他的一生难道真有那么大的差别吗？假如他的一生与他这个人恰好相称呢？假如，和普遍接受的观念相反，人们的一生从来都是与他们相称的呢？这个问题有待进一步探讨。

当他父亲去世时，波德莱尔只有六岁；他崇拜他的母亲；他被迷住了，备受尊重和关怀，还不知道自己是作为一个人而存在的，不过他感到有一种原初的、神秘的休戚与共关系把他与母亲的身体和心灵连成一体；他迷失在他们的相互爱恋之情的甜蜜与温柔之中；他俩只有一个家宅，一个家庭，配成乱伦的一对。他后来在给她的信中写道："我始终活在你身上，你是唯一属于我的。你既是偶像，又是同志。"

没有比这句话更能表达这一结合的神圣性质了；母亲是一个偶像，孩子由于她给他的情爱而获得神圣性，他不感到自己是个飘忽不定的、朦胧的、多余的存在，反而把自己想成是受命于神的儿子。他始终活在她身上；这意味着他在一个圣殿里得到庇护，他只是，只愿意是神性的一种外现，她的灵魂的一个小小的、恒定的想法。正因为他完全消融在一个他以为既有必要也有权利存在的人身上，他就受到保护不受任何惊扰，与她绝对融成一体，他是理应如此的。

　　一八二八年十一月，这个被如此热爱的妇人再嫁给一名军人；波德莱尔于是被寄养在别人家里。他那个有名的"裂痕"，始于此时。关于这件事，克雷佩引用了布依松一个意味深长的看法："波德莱尔是个非常娇嫩、纤细、独特、柔弱的灵魂，遇到生活中第一个撞击便破裂了。"在他的生命中有一个事件他不能承受：他的母亲再嫁。提起这件事，他的话总是说不完，而他那可怕的逻辑永远可以归结如下："一个人若有个儿子像我这样——'像我这样'是心照不宣的——此人就不会再婚。"

　　这个突如其来的决裂和由此产生的忧伤不容任何

过渡，便把他抛入个人的生存之中，不久前，他还整个儿沉浸在他与母亲配成对的统一的、宗教性的生活之中。此一生活如海潮一般退落了，留下他孤单一人，干巴巴晾在一边，他失去了他的存在理由，他怀着羞耻发现他是单一的，他的存在毫无价值可言。他那因被驱逐而产生的愤怒之情中，掺和着一种深沉的式微之感。日后回想此一时期时，他在《赤裸裸呈上我的心》中写道："从童年时代起就有孤独感。"（尽管有家庭——而且尤其在同学中间——总有命定永久孤独之感）他已经把这种孤立设想成一种宿命。这意味着他不限于消极地承受这种孤立并且希望它是暂时的；相反，他不顾一切地扑上去，把自己关在里面；既然人们判处他孤立，至少他要求这个判决是不容更改的。这里，我们触及波德莱尔为自己作出的原初选择，触及这个绝对的承诺，通过这个承诺我们每个人在一个特殊的境遇中决定他自己现在是什么样子，将来又该是什么样子。波德莱尔被遗弃，遭摒绝，他要把这种孤立算在自己的账上。他声称是他自己愿意孤立的，这个孤立至少是来自他自己，无所谓承受不承受。通过他的个人存在的突然显示，他感受到他是另一个人。不过，他同时怀着屈辱、怨恨和骄傲，肯定而且接过此一他性。从此以后，他以一种固执、悲切的激越心情把自己造成另一个人，一个与他母亲不同的人——从前他与她融为一体，而她却抛弃了他——一个与他那些无忧无虑的、粗俗的同学们不同的人；他感到自己，而且要求感到自己是唯一的，直到极端孤芳自赏，直到恐怖的地步。

可是，这一遗弃和别离的经历并未带来积极的对应物，即他并未因此发现某种使他立即不同凡响的特殊德性。一头被所有乌鸦唾弃的白乌鸦，至少在用眼角观看自己洁白的翅膀时，能够聊以自慰。人从来不是白乌鸦。这个被抛弃的孩子萦绕于心的，是对一种纯形式的他性的感觉：甚至这个经验也不能使他与别人有所区别。每个人在童年时代都可以观察到自我意识冷不防涌现，把一切都打乱了。纪德在《如果种子不死》中记述了此一现象；继他之后，玛丽娅·勒阿图因夫人在《黑帆》中也有记载。不过谁也不如于格在《牙买加的飓风》里说得更好："(爱米莉)先是玩游戏，在船首找了个角落为自己造一栋房子……她玩累了，正当她漫无目的地走向船尾，脑际突然一闪，想到她原来是她……一旦完全确信此一令人惊愕的事实，即她现在是爱米莉·巴桑顿……她便开始认真考虑此一事实意味着什么……是那个意志决定了在世界上所有人中间，她将是那个特别的人，爱米莉，生于组成时间的所有年岁中的某一年……是她选择的吗？是上帝？……也可能她就是上帝……她有家庭，有若干迄今为止她从未与之彻底区分的兄弟姊妹；不过，一旦她以如此突然的方式感到自己是个判然有别的人之后，他们对她似乎与这条船一样陌生……一种突如其来的恐惧把她抓住：人们是否知道了？人们是否知道——这是她想说的——她是个特殊的人，爱米莉——可能就是上帝——（不是随便哪一个小女孩）？她也说不出为什么，这个想法使她感到恐怖……不惜一切代价，应该守住这个秘密……"①

　　这个闪电般的直觉毫无意义：孩子刚才确信自己不是随便哪个人，然而正是在他获得此一确信时，他成了随便哪一个人。他与其他人不同，这一点肯定无疑；可是其他人中的每一个人同样也是与别人不同

~~~~~~~~~~

① 《牙买加的飓风》，普隆出版社，一九三一年，第一三三页。——原注

的。他无非经历了分离带来的纯粹否定性的考验，而且他的经验涉及主观性的普遍形式，即黑格尔用"我=我"这个等式来界定的无效果的形式。一项发现使人害怕，又不能带来收益，拿它又有什么用呢？大部分人会赶紧遗忘它。可是把自己禁锢在绝望、愤怒和嫉妒中的那个孩子，将花掉整个一生去思索自己形式上的特殊性而毫无进展。他将对父母说："你们驱逐了我，你们把我从这个完美的一切中赶出来，不让我在其中沉溺，你们判决我分开来存在。那好，现在我与你们对抗，要求这种存在。假如你们日后想把我拉过去，重新消融我，那时候再也办不到了。因为我已经意识到与你们对抗的自我……"而对迫害他的人，对中学的同学和街上的顽童，他将说："我是另一个。我与你们不同，而你们让我受苦。你们可以迫害我的肉体，但是不能损害我的'他性'……"在此一声明中既有要求，也有挑战。他是另一个：他不能触及，因为他是另一个，而且几乎已经报复成功了。他偏爱自己胜过一切，因为一切都抛弃他。可是这个偏爱，首先是个自卫行为，从某一方面来看也是一种禁欲行为，因为它使孩子面临对于他自身的纯粹意识。它同时是对抽象的英勇的、报复性的选择，绝望的剥离，放弃和肯定，它有一个名字：骄傲。这是斯多噶派的骄傲，不为社会荣誉、成就和任何公认的优越性，不为这个世界上的任何东西滋养的骄傲，它作为一个绝对事件，一个先验的、没有理由的选择确立自身，居高临下，失败不能击垮它，也不需要成功来支撑它。

这种骄傲的不幸与其纯粹性相等，因为它在空转并以自身为养料：它永远不知满足，永远被激怒，恰好在肯定自身的行为中消耗自身；它不依托任何东西，它虚悬在空中，因为确定它的那个差异本是一种空洞的普遍形式。然而这个孩子要享受他的差异；他要感觉自己不同于他的兄弟，犹如他感到他的兄弟不同于他的父亲；他幻想一种可以凭视觉，靠触觉就能把握的，像一种纯净的声音充溢耳朵一样充溢整个人的单一性。他那纯粹的形式差异对他来说好像是一种更加深刻的特殊性的象征，并且与他是的那个东西合而为一。他俯身观看他自己，他企图在这条灰色的、平静的、始终匀速流淌的河流中发现自己的形象，他窥伺自己的欲望和怒意以便发现即是他的本性的那个秘密的河底。由于他无止无休地关注自己的情绪的波动，他于是对我们变成了夏尔·波德莱尔。

波德莱尔的原初态度是个俯身观看者的态度。俯向自身，如同那喀索斯①。在他身上，没有任何直接意识不为一道犀利的目光所穿透。对于我们其他人来说，看见树和房子就够了；我们全神贯注于观看树和房子，忘却了自身。波德莱尔是从不忘记自身的人。他看着自己看见了什么；他看是为了看见自己在看；他观看的是他对树和房子的意识，物件对于他只有透过他的意识才能呈现，显得更苍白、更小、不那么感人，就像他透过观剧镜看到它们似的。物件并不彼此指示，如同箭头指明道路，书签指明书页，而波德莱尔的精神从不迷失在物件组成的迷宫里。相反，物件的直接使命是把意识发回它自身。他写道："位于我之外的真实是个什么样子又有什么关系呢，只要它能帮助我活着，让我感到我存在着，感到我是什么。"乃至在他的艺术中，他关心的也是如何透过一层厚实的人的意识表现物件，既然他将在《哲学艺术》中说

---

① 希腊文 Narkissos，希腊神话中顾影自怜的美男子。

道："遵照现代观念，什么是纯艺术呢？这是创造一种暗示性的魔法，它能兼容客体和主体、外于艺术家的世界和艺术家本人。"以致他完全可以写一篇论文阐述这个外部世界缺少真实性。物件无非是借口、反映、屏幕，它们的价值从来不在它们自身，除了给他提供机会，让他在看见它们的同时观看他自己，它们没有别的使命。

波德莱尔与世界之间存在一个原初距离，它不同于我们与世界之间的距离；在物件与他之间始终隔着一种有点潮湿，气味很大的半透明性，犹如夏日热空气的颤动。而这个被观察、受窥视，在其完成自己的习惯操作的同时感到自己被观察的意识，在同一过程中便与在成人眼皮底下游戏的儿童一样，失去其自然。此一为波德莱尔如此仇恨，如此遗憾的"自然"，在他身上根本不存在：一切都掺了假，因为一切都受到侦查，最小的情绪波动，最弱的欲望在其诞生时已被观看、解读。只要我们记起黑格尔赋予"直接"这个词的意义，我们就会明白，波德莱尔深刻的特殊性，在于他是一个没有直接性的人。

不过，如果说这个特殊性对于我们这些从外部看见他的人来说有其价值，对于他——他从内部审视自己——这个特殊性却完全失逸了。他寻找自己的本性，即他的性格和他的存在，但是他只见到他的各种状态单调地列队通过。他为此十分恼火：他既对奥比克将军或他母亲的特殊性看得那么清楚，又怎么不能私下享受他自己的独特性呢？这是因为他上了一种自然形成的幻觉的当，这种幻觉使人相信一个人的内心必定符合他的外表。其实不然：形成一个人的能为别人辨认的外部特征的区别性，在他的内部语言中没有名字；他不感受此一区别性，他不知道此一区别性。他能感到自己是聪明的、庸俗的或者高雅的？他甚至能看到自己的才智的活跃性及其范围？才智除了它本身，没有别的界限。除非在药力的作用下他的思想片刻之间加速流转，他已如此习惯于它们的节律，如此缺乏比较项，以致他不能估量其流动速度。至于他的具体想法和情感，它们在出现之前已被预见、确认，彻头彻尾是透明的，它们对于他有一种"已经见过""太了解了"的模样，一种无气味的熟昵，一股回忆的味道。他整个儿被他自身塞满，乃至外溢。不过这个"自身"只是一种乏味的、玻璃状的情绪，缺乏实质性和抵抗力，既不容他判断，也不由他观察；这个"自身"没有光和影，是一个饶舌的意识，它细声低语，喋喋不休，诉说它就是它自己，而我们永远不能加快它的讲话速度。他跟自己贴得太紧，以致无法驾驭自己，不能完全看见自己；他过于看见自己，以致不能完全与自己的生活默默紧贴，陷入并迷失在其中。

波德莱尔的悲剧在这里开始：请想象一头白乌鸫瞎了眼睛——因为太亮的反射光等于盲目。这头鸟无时无刻不想着展布在它两翼上的某种白色，所有的乌鸫都看见这一白色，所有乌鸫跟它谈到这一白色，唯有它自己不得而知。波德莱尔有名的清醒无非是一种补偿的努力。要紧的是找回自己，并且——由于看到便是占有——看见自己。但是，必须分身为二，才能看见自己。波德莱尔看见他的手和胳膊，因为眼睛和手是分开的：可是眼睛不能看见它自己，波德莱尔却感到自己，看见自己；他不会保持必要的距离以便估量自己。他徒然在《恶之花》中喊道：

当一颗心变成它自身的镜子
既阴沉又清澈的单独会面！

此一"单独会面"，刚开了个头便烟消云散了：只有一方在场。拥有反省意识便是达到二重性，波德莱尔将致力于把这个流产的企图推向极致。如果说他在起源上就是清醒的，这不是为了精确地了解自己的错误，而是为了分身为二。如果他要分身为二，这是为了在这一对伴侣身上最终实现自我占有自我。因此他要使自己变本加厉地清醒：以前他仅是自己的见证人，他将努力变成自己的刽子手：自我惩罚者①。因为在严刑拷打之下会出现紧密结合的一对伴侣，其中刽子手占有受刑者。既然他未能看见自己，至少他要搜索自身像刀刃搜索伤口，以便抵达组成他的真正本性的这些"深沉的孤独"。

　　我是伤口又是刀刃

　　是受刑者又是刽子手。

就这样，他给自己上的酷刑仿效占有行为：这些刑罚旨在让一层皮肉，他自己的皮肉，在他的手指底下诞生，以便这层皮肉在痛苦中确认自己是属于他的

①　拉丁作家泰伦提乌斯（约公元前 190—前 159）一部喜剧的名字。

皮肉。使人痛苦，这既是占有和创造，也是毁灭。受害者和迫害者之间的相互联系，是性的联系。此一关系仅在彼此分开的人之间才有意义，他却企图把此一关系搬到自己的私生活中去，把反省意识变成刀刃；人们不能爱自己、恨自己、拷打自己；当受害者和刽子手通过同一个出自自愿的行为，一方要求，另一方给予痛苦时，他俩便浑然一体，统统消失了。通过一个相反的，但是趋向同一目的的运动，波德莱尔想悄悄把自己变成他的被反省意识的同谋，一起对付他的反省意识；他停止折磨自己的时候，那是他试图让自己感到惊奇。他装出一派天趣令人困惑，他佯作任性行事，不追逐任何目的，然后他突然矗立在自己的目光之前如一个密不透光的、预料不及的物件，简单说如一个不同于他自己的别人。假如他能做到这一步，他就差不多成功了。他可以享受自己了。不过，在这里也一样，他与他想使之惊奇的那个人结成一体了。说他在构思他的计划之前已经猜到这个计划的内容，这么说还不够，他预见他的惊奇并且估量其程度，他追赶他自己的惊奇却永远追不上。波德莱尔是这样一个人，为了观看自己，他选择了把自己好像当作另一个人，他的一生，只是这一失败的历史。

　　这是因为，尽管他要了我们刚才列举的那些花招——在我们眼中，是这些花招织成他垂之万世的形象——他很清楚他那有名的目光与被看的对象是结成一体的，他永远不可能真正占有他自己，他能做到的只是无精打采地品尝而已，而这种品尝正是反省认识的特征。他感到厌倦，而这种厌倦，"他所有的疾病和所有微不足道的进步的根源所在的古怪情感"①，并非某种意外，也是他看破红尘"丧失好奇心"的结果，如他有时宣称的那样；这是保尔·瓦莱里谈到的那种"纯粹的生之厌倦"；这是人对自己必定感受的滋味，实在乏味。

　　　　我是充满枯萎的蔷薇花的旧日客厅，

　　　　那里杂乱放置着过时的流行品，

　　　　发愁的粉画，布歇的褪色油绘，

　　　　独自发出打开的香水瓶的香味。

　　一瓶打开的香水，漏了气，褪了色，其香味却缕缕不绝，隐隐约约，无所不在：这是意识的自为存在

---

　　① 见《散文小诗·慷慨的赌徒》。——原注

的最好的象征；所以厌倦是一种形而上的感情，是波德莱尔的内心景观，也是构成他的欢乐、愤怒和痛苦的永恒材料。于是就有了他的新的变相：他既无时无刻不直觉到自己的形式特殊性，更懂得此一直觉乃是每个人的特权；于是他步入清醒之路，以便发现自己的特殊本性和能把他变成所有人中最不可替代的那个人的全部特征；可是他在这条路上遇到的不是自己的特殊面貌，而是普遍意识的诸多不确定的方式。骄傲、清醒、厌倦合而为一；在他身上而且不顾他个人的意愿，所有人和每个人的意识达到并且认出自身。

此一意识首先在完全的无所为而为中把握住自己，它没有原因和目的，非造化所生，得不到辩解，除了它已经存在这一事实之外，没有别的存在资格。它不可能在自身之外找到借口、辩护或存在理由，既然任何东西在未经它意识到之前对它来说都不可能存在，既然任何东西除了它愿意赋予的意义之外，没有别的意义。波德莱尔对自己的无用性的如此深刻的直觉，便由此而生。我们将在下文不远处看到，挥之不去的自杀念头，对于他与其说是结束生命的手段，不如说是保护生命的方法。可是，他之所以能频频考虑自杀，是因为他感到自己是一个多余的人。他在一八四五年那封有名的信中写道：

> 我自杀，因为我对别人毫无用处，而且对自己有危险。

可是我们不要相信他之所以感到自己无用，是因为他是一名无业的年轻资产者，到二十四岁仍由家庭供养。情况恰恰相反：他之所以不就业，之所以对任何事业预先就不感兴趣，是因为他衡量了自己的彻底无用性。另一些时候，他将自豪地写道：

> 我总觉得做一个有用的人，是件很可憎的事。

可是矛盾来自他的情绪波动：不管他自责还是自夸。重要的是这一恒定的，好比是原初的超脱感。一个人若想成为有用的人，走的是与波德莱尔相反的路：他从世界走向意识，他以几个被他认为具有绝对性的坚实的政治原则或道德原则为出发点，他首先服从这些原则；他把自己包括灵魂和身体都看作处于其他东西中间的某一东西，这个东西服从一些并非由它自己找到的法则；他把自己看作实现某种秩序的手段。然而，假如一个人品尝这个没有任何来由的意识——这个意识应该发明它自己愿意服从的法则——到了恶心的地步，有用性就失去了任何意义；生活无非是一场游戏，人应该在得不到命令、预先通知、劝告的情况下选择自己的目标。而一个人只要有一次悟到这个真理——此生除了人们决意为自己选定的目的之外不存在别的目的——他就不再有什么劲头去为自己寻找目的了。

波德莱尔写道，人生只有一种魅力是真的：游戏的魅力。可是，假如我们对输赢不在乎呢？为了相信一项事功，必须首先投入其中，探究做好这项事功的方法而不是其目的。对于思索者来说，任何事功都是荒谬的；波德莱尔沉浸在这一荒谬性之中。突然间，遇上一件小事，一次失意，一点疲劳，他就发现这个"辽阔如大海"的意识的无穷孤独——这个意识既是人皆有之的意识，也是他的意识——他就明白自己无能在这个意识之外找到边界、标志、律令。于是他变得漂浮不定，他听任单调的波浪把自己推来推去；有一次正是处在这种状态时，他给他的母亲写信：

　　……我所感到的，是一种无边的心灰意懒，

一种无法忍受的孤立感……是完全丧失欲望，不可能找到任何可资娱乐的事情。我的书获得的奇怪成功以及它引起的仇恨一度使我产生兴趣，然后我又消沉下来。①

这便是他所称的懒惰。说他的懒惰有其病态的一面，我同意。我也同意说，他的懒惰很像雅奈②统名为精神衰弱症的某些混乱。不过我们不要忘记，雅奈的病人由于他们所处的状态，经常会产生一些玄妙的直觉，而正常人却努力对自己隐瞒这些直觉。此一懒惰的理由和意义，是波德莱尔不能"认真对待"他的各项事功：他看得太明白了，人们在事功中找到的永远只是他们投入的东西。

然而必须行动。假如说他一方面是刀刃，是看到被反省意识的浪涛在它底下急匆匆流过的纯观望目光，他也是，而且同时是伤口，是这些波涛的后续。再说，假如说他的反省位置由其本身而言是对行动的恶心，从下面来看，从他反省的众多微小的、短促的

① 一八五七年十二月三十日的信。——原注
② 雅奈（1859—1947），法国医生，心理学家，临床心理学的创始人。

意识中的每一个来看，他又是行动、谋划、希望。所以不应该把他看作一个寂静主义者，而是应该看作一个由转瞬即逝的、立即被反省目光解除武装的举措组成的无穷尽的系列，看作一经出现便立即破灭的谋划形成的大海，看作一个永久的等待，一个永久的渴望——渴望成为别人，处在别地。而且，我在这里指的不仅是那些难以计数的手段——他神经质地、急急忙忙地借以推迟某一还债期限，或从他母亲那里勒索几个钱——也指那些他酝酿了二十年，始终未能完成的文学计划：剧本、评论、《赤裸裸呈上我的心》。他的懒惰的形式，有时是麻木，但是更经常的形式是一种狂热的、无结果的骚动，这种骚动知道自己是徒劳无功的，而且一种明察秋毫的清醒使它好比中了毒，不可能有所作为；从他的书信，我们看到他像一只固执地缘墙而上的蚂蚁，每次掉下来后又重新开始。这是因为，没有人比他自己更清楚他的努力的无用性。假如他也行动，那也只是，如他自己所说的那样，出诸爆发，出诸痉挛，当他能在某一片刻瞒过自己的清醒的时候。

有些人的天性是纯粹好沉思的，完全不适合

行动，可是，在一种神秘的莫名的行动驱使之下，他们有时也会迅速地采取行动。那种迅速，连他们自己也认为是不可能的。……这种连最简单、最必要的事情都不能干的人，会在一定的瞬间获得充分的勇气，使他们去干那些最荒谬，甚至常常是最危险的事情。①

这些瞬间行为，他公然名之曰"无所为而为的行为"。它们直截了当就是无用的，甚至往往具有破坏性。必须加紧完成，赶在将要毒化一切的目光回来之前。他给母亲的信里专断、仓促的一面，便由此而来："我不得不赶快，赶快！"他对安塞勒大发雷霆，怒不可遏，他在同一天里给他母亲写了五封信，第二天上午又写了第六封。在第一封信里，他反复声称要抽他的耳光：

> 安塞勒是个混蛋，我要当他妻子和孩子的面抽他的耳光。到四点钟（现在两点半）我就要抽他耳光。

———————————

① 《散文小诗·恶劣的装配玻璃匠》。——原注

用了大写字母①，好像是要把决心刻在石碑上，因为他太害怕这个决心会悄悄溜走。何况他计划的期限那么短，他那么不相信第二天，以致他为自己确定一个完成计划的最后时间：到四点钟，他的时间刚够奔到讷伊。可是一到四点，他又写一张便条："今天我不去讷伊了；我同意在报复之前再等一会儿。"计划仍在，但是它被削弱，带有条件：

> 假如他不向我当众赔礼道歉，我要去揍安塞勒，我要揍他的儿子……

而且他只是在附言中加上这一笔，想必是害怕给人一种让步太快的印象。当天晚上，他的计划进一步削弱：

> 我向两个人请教自己该做什么。当着他家里人的面打一个老人，这么做很恶劣。——然而我需要得到赔礼道歉——假如他不赔礼道歉，我又该怎么办呢？——至少我必须当着他妻子和他家属的面告诉他，我对他的行为是怎么想的。

---

① 原文用了大写字母，译文用大一号字体表示。

行动的必要性对他已是太重的负担。刚才他还想恐吓他的母亲，威胁要诉诸暴力；他需要立刻得到当众的赔礼道歉。现在他唯恐"他不赔礼道歉"。因为，真要出现这种情况，他就不得不采取行动。这件事情已叫他烦透了；在我们上文引用的那一段话后面他写道：

> 我的上帝，你让我陷入何等尴尬的境地！我绝对需要稍事休息，唯此是求。

而到了第二天上午，再也不提什么赔礼道歉了：

> 再也不必给他写什么了，除了一句话，告诉他我再也不需要他的钱了。

沉默、遗忘，象征性地消灭安塞勒：这便是他的全部要求。他还在说要报复，不过措辞含糊，而且推到遥远的未来，九天以后，一切都结束了。

> 我昨天写给安塞勒的信很得体。和解是得体的。

> 我去他家的时候，他又到我家来了。我对这些闲言碎语极端腻烦，不想费神去核实安塞勒是

否为责备这个戴纳瓦勒而来的。

　　安塞勒对我说，他正式否认大部分有关的话。

　　我自然不会拿他的话去与一名商人的话比较轻重。说到底他有一个过错永远改不了，即他那种孩童般的、外省人的好奇心和容易与众人一起说长道短的脾气。①

在波德莱尔那里，行动呈现如下的节奏：在构想时赋予行动夸张的暴力，好像他必须做过头，才有力量实现自身；在付诸实施的初期猛然爆发——然后清醒突然回归：这样做又有什么用呢；于是他背弃自己的行为，行为很快便分崩离析。他的原初态度禁止他从事长期的事项；所以他的一生便呈现一种断裂破碎、既不协调却又单调的面貌；他的一生以阴暗的冷漠为底色，衬托出永久的重新开始和永久的失败；假如他写给母亲的信没有标明日期，那就很难给这些信分类，因为它们彼此相似。不过，这些他未能实现的计划，不管是瞬间的行为还是延续的事功，它们永久

━━━━━━━━

　　①　参见自一八五八年二月二十七日至三月九日的信。——原注

在他眼皮底下晃动，既急切又无助无告，不停地求他出手。假如说他在自己身上取消了被反省意识的全部自发性，这只有使他更了解此一意识的本性：他知道它投向自身之外，它是为趋向一个目的而对自身的超越。因此他可能是用人的彼岸来给人下定义的第一人。

> 唉，人的恶习中……包含着他喜爱无限的证据（即便这只是恶习的无限扩张）；不过，这种喜爱经常误入歧途……我以为，对无限的感知偏离正道，正是所有有罪的过度行为的原因所在……①

无限对他来说不是某一给出的、没有边界的无穷空间，虽然他有时也在这个意义上使用这个词。确切说，无限是永远没有终结，不可能终结的东西。举例说，数的系列之所以是无限的，不是因为存在一个我们称之为无穷大的很大的数，而是因为不管一个数有多大，永远有可能再给它添加一个单位。因此，系列中的每一个数都有其彼岸，正是相对于这个彼岸，才

①　《人工天堂》。——原注

确定自身并取得自身的位置。不过这个彼岸还没有完全存在：我必须为我考察的那个数添加一个单位，从而建立这个彼岸。彼岸已把其意义赋予所有写出来的数，然而它仍位于我尚未完成的一个操作的末尾。波德莱尔的无限亦复如此：它在，但未被给予；它今天给我定性，但明天之前它还不存在；它是一个定向运动的隐约可见的、梦想的终点，几乎被触及，却永远够不着，我们将在下文看到波德莱尔比任何其他人更看重这些被暗示的、既在又不在的存在。但是他肯定早就确认此一无限性乃是意识的命运。在《散文小诗》的《邀游》篇中，他希望"通过无限的感觉去梦想，延长时间"，而在《征服者》中他写道："有些美妙的感觉虽然朦胧，却无碍其张力；没有一种刀尖比无限的尖端更锐利。"这种用未来来确定现在，用尚未存在的东西来确定存在的东西的做法，他将称之为"不满足"——我们还要回到这题目上来——而今天的哲学家称之为超越性。没有人与他一样了解人是一个"属于远方的存在"①。他更多地由他的目的和他

---

① 海德格尔（1889—1976）：《根据之本质》。——原注

的谋划的终结，而不是由人们关于他所知道的事情来定性，如果人们把他局限于眼前的瞬间：

> 在任何人身上，在任何时刻，都同时有两种诉求，一种指向上帝，另一种指向撒旦。

> 呼吁上帝，或精神性，是上升的渴望；呼吁撒旦，或兽性，是沉沦的欢乐。

于是人显示自身好比处于两种相反力量作用下的一种张力；而每一种力量归根结底都致力于毁灭人性，既然一种指向天使，那么另一种对准禽兽。帕斯卡写下"人既非天使亦非禽兽"的时候，他把人设想成某种静止状态，某种位于中间的"本性"。对于波德莱尔绝非如此：波德莱尔的人不是一种状态：这是两个既方向相反又是同样离心的运动的交错，其中一个向上，另一个向下。都是没有动机的运动，都喷涌而出——这是超越性的两种形式，我们可以跟在让·瓦勒后面，名之曰向上超越和向下超越。因为这里所说的人的兽性——如同人的天使性——应理解为其强化的意义；这里指的不仅是众所周知的肉体的软弱性或者低级本能的强大性；波德莱尔不限于为道德家的说教增添一个色彩斑斓的形象。他相信魔法，而"指向撒旦的诉求"对他来说是一种巫术操作，其功能类似原始人披上熊形面具，跳起熊舞，便"变成熊"了。况且他在《断想集》中十分明确地表达了此一看法：

> 猫咪，咪咪，小咪，我的猫，我的狼，我的小猴子，大猴子，大蛇，我忧郁的小毛驴。

> 此类语言怪癖重复太多，动物名称使用次数太多，证明爱情有其撒旦的一面。大大小小的撒旦不具有兽的形式吗？卡卓特①的骆驼——骆驼、魔鬼和女人。

此一对于我们的超越性和我们无从辩解的无目的性的直觉，应该同时显示人的自由。事实上，波德莱尔始终感到自己是自由的。从下文可看到，他使了什么花招来对自己掩盖这个自由；可是在他的作品和书信里，从头到尾，这个自由确立自身，公然违背他的意志而爆发出来。他想必没有——由于我们说过的原因——体验过建设者们的大自由。但是他经常体会到

---

① 卡卓特（1719—1792），法国作家，著有《故事集》等。

某种任何力量都不能阻遏的、爆炸一般的不可预料性。他徒然采取各种措施提防不可预料的事情，他徒然在自己的文书中用大写字母记下"能预示未来的短小的实用格言、规则、律令、信条和说法"①：他不受自己的控制，他知道什么也不能留住他。如果他至少感到自己部分地是个机械装置，他就有可能发现使机器停顿、偏向或加速的操作杆。决定论是令人安心的：通过原因而获得认识的人可以通过原因来行动，而迄今为止道德家的全部努力都用来使我们相信，我们都是些装上去的零件，可以借助一些细小的手段来操纵。波德莱尔却知道在他身上操纵杆和弹簧都不起作用，他既非原因亦非结果；对于他明天将是的那个人，今天的他无能为力。他是自由的，这就是说他在自己身上和自身之外都找不到任何阻力来反抗他的自由。他俯向这个自由，面对这个深渊他感到眩晕：

　　　　　在精神上和在肉体上一样，我一直感到如临深渊，不仅是睡眠的深渊，而且是行动、梦寐、

———————

① 希林：《波德莱尔》，第四十九页。——原注

回忆、欲望、遗憾、后悔、美、数等的深渊。

他在另一处写道：

现在，我老感到眩晕。

波德莱尔：感到自己是个深渊的人。骄傲、厌烦、眩晕：他一直看到自己的内心深处，看出自己是无从比较的、无法沟通的、非创造的、荒谬的、无用的，遭到最彻底的遗弃，独自承担自己的重负，注定要独自为自由的存在寻找理由，而且不停地逃遁，从自己的手中滑走，退缩在静观之中，同时又投向身外，从事无穷尽的追逐——看出自己是个无底深渊，没有崖壁，也没有黑暗，整个儿一个光明澄澈的秘密，不可预料，却又一清二楚。可是，够他倒霉的，是他连自己的形象也把握不住。他寻找某一夏尔·波德莱尔，奥比克将军夫人的儿子，债台高筑的诗人，黑人女子杜瓦尔的情人：他的目光却遇上了人的限定性。这个自由、这个无所为而为、这种遗弃使他害怕，然而这是一切人的命定，并非他独家所有。人真能触摸自己，看见自己吗？他寻找的这个固定的、特殊的本质，也许只对其他人的眼睛显现。也许必须置身外部，才能把握它的各项性质。也许人对于自己不以物的方式存在。甚至，也许人根本不存在：人始终处于疑问之中，始终处于缓刑期，也许他需要永远制造自己。波德莱尔的全部努力将用于对自己隐瞒这些令人不悦的想法。何况，既然"本性"从他身边逃走了，他将试图在其他人的眼中逮住它；他的诚意抛弃了他，他必须不断努力说服自己，试图在他自己眼中抓住自己；于是在我们眼中——不是在他自己眼中——便出现他的形象的一个新的特征：他这个人比任何人更深切感受自己作为人的限定性，却以最大的激情努力对自己掩盖这个限定性。

只为他选择了清醒，只为他不由自主地选择了无所为而为、被遗弃和意识的可怕的自由，波德莱尔便面临一种抉择：既然不存在现成的，可以依赖的原则，那么或者他必须固定一种非道德的对万事无动于衷的立场，或者他将要去发明善与恶。意识因其从自身引出自身的法则，用康德的术语来说，它应该把自己看作目的之城邦的立法者；它应该承担完全责任，创造它自己的价值，世界的意义和它自身的生命的意义。诚然，宣称"由精神创造之物比物质更具生命力"的那个人比别人更能感受意识的力量及其使命。他看得很清楚，随着意识，某一原先不存在的东西从世界上涌现：这便是意义；因此意识永远在所有层面上进行持续的创造。此一源自虚无的生产对波德莱尔来说便是精神的特征，他如此重视此一生产，以致有一股创造激情从头至尾贯穿他那萎靡不振的静观生涯。关于创造，这位厌世者持有一种人文主义观点。他承认有"三种可敬的人：教士、战士和诗人。知、杀和创造。"我们注意到，毁灭和创造在这里结对成双：在两种情况下都产生绝对的事件；在两种情况下都是一个人独自对宇宙中一个彻底的变革负责。与这一对相对抗的是知识，它把我们领回静观生活。对于波德莱尔来说，此一互补性把精神的神奇威力和它消极的清醒永远连在一起；我们不可能以更好的方式揭示此一互补性了。他用创造，而不是用行动，来界定人性。行动意味某种决定论，它把自己的效能纳入因与果的锁链之中，为了指挥自然它先得服从自然，它遵守某些它盲目捡来的原则，从来不对它们的有效性提出疑问。行动者是这样一种人，他对手段质疑，可从来不问目的。没有人比波德莱尔更远离行动了，在我们刚才引用那段话之后，他接着说："其他人都纳税、服劳役，他们是作为牛马而生的，即生来是为了从事各种所谓的职业。"可是创造是纯粹的自由；在它之前什么也没有，它以生产它自己的原则为开始，它首先发明自己的目的；它由此加入意识的无所为而为性；它便是这个自愿的、经过重新思考、上升为目的的无所为而为性。这一点也可以部分地解释波德莱尔对人工的爱好。胭脂、首饰、服装、照明，在他眼中显示了人的真正的伟大所在：创造能力。我们知道，继雷蒂夫、巴尔扎克和苏之后，他出大力传播了卡约瓦所谓的"大城市神话"。这是因为，一座城市是一个永久不停的创造：它的高楼大厦、气味、喧闹、熙来攘往属于人的领域。在城市里一切都是严格意义上的诗。在这个意义上，一九二〇年前后，年轻人面对电气广告、霓虹灯、汽车产生的奇妙之感，深刻意义上，是波德莱尔式的。大城市是人的自由这一无底深渊的反映。而波德莱尔，这个憎恨人和"人脸的暴政"的人，因其崇拜人的创造物又成为人文主义者了。

不过，如果事情真是这样，一个清醒的、爱恋它自己的创造神力胜过一切的意识，应该首先创造将为它照亮整个世界的意义。绝对创造，所有其他创造仅仅是其结果的那个创造，是创造一个价值体系。我们于是期待波德莱尔在追求善与恶——他的善与恶——的时候，表现某一种尼采式的大胆。然而，只要我们略为贴近一点审察诗人的生活和作品，使我们震惊的是他接受了别人的道德观念而且从来不对这些道德观念产生疑问。假如波德莱尔决定对万事无动于衷而且表现一种伊壁鸠鲁式的放任自流，这倒好理解。可是他保存的、由一种天主教的和资产阶级的教育灌输给他的道德原则，在他身上并非简单的残余，几个业已萎缩的无用的器官。波德莱尔过着紧张的道德生活，他在悔疚中挣扎，他每天告嘱自己要做得更好，他奋斗，他沉沦，一种残酷的负罪感逼迫他，以致我们不禁要问，他是否负担着秘密过失的重压。克雷佩先生在他为《恶之花》写的传记性导言中很有见地地指出：

> 他的一生中是否有过时间不能抹掉的过失？在人们对他的一生做了那么多的调查之后，很难相信会有此等事。然而他把自己当罪人看待，自称"在各方面"都有罪。他揭发自己"有责任

和所有道德义务的观念却又始终背叛它们"。

不，波德莱尔没有承受秘密罪行的重压。人们可以责备他的并不严重：心灵确实干枯，但还不到彻底的程度，某种程度的懒散，滥用麻醉剂，大概还有几项性生活的怪癖，一些不诚实、偶尔接近讹诈的行为。假如他即便只有一次起来抗议奥比克将军和安塞勒据以谴责他的原则，他也会从这些原则下解脱出来的。可是他留心不这样做；他没有任何争议就接受他继父的道德观念。他在一八六二年左右作出有名的决定，并且以《卫生、行为、方法》为标题记下来，其天真令人嗟伤。

> 一种简洁的智慧。梳洗、祈祷、工作……
> 工作必定产生良好的作风，淡泊与贞洁，结果带来健康、财富、连续的和累进的才智以及仁爱。Age quod agis（做什么就想着什么）。

淡泊、贞洁、工作、仁爱：这些名词不断出现在他笔下。但是它们没有正面的内容，它们没有为他画出一条行为准则，它们无助于他解决与别人的关系和与自己的关系这两个重大问题。它们只是代表一系列严格的、纯属否定性的禁令而已。淡泊：不服用兴奋剂；贞洁：不回到那些善解人意的年轻女人身边去，她们的地址登在他的记事本上；工作：今日之事今日毕；仁爱：不发怒，不发牢骚，不要不关心别人。何况他承认具有"责任观念"，即他把精神生活看作一种强制，一副伤害不肯就范的嘴的嚼头，从不是一种追求，一次真正的心灵飞跃：

> 愤怒的天使好像老鹰从天空扑来，
>
> 猛力地一把抓住不信教者的头发，
>
> 摇撼着他，说道："你务须懂得教规！"
>
> 我要你这样！（我是你的保护神，懂吗？）

一些疙疙瘩瘩的、折磨人的律令，其内容之贫乏无以复加：奠定他终生道德生活的价值和法则便是如此。当他不胜母亲或安塞勒的困扰突然起来顶撞时，他从不直言不讳，说他们的资产阶级德行既残酷又愚蠢，而是装出怙恶不悛的样子，向他们宣布他是恶人，而且可以比现在更凶恶：

> 莫非你以为，假如我想这样做，我不能叫你倾家荡产，让你到了暮年一贫如洗？难道你不知

道我有足够的狡猾和辩才使我达到目的？不过我克制自己不去做罢了……①

　　他不可能不觉察到，像这样把自己置于他们的领地内，如一个赌气的孩子那样行事，使劲跺脚，夸大自己的错误，他就给了他们把柄，使自己的情况变得更加严重。但是他执意如此：他要求以这些价值的名义得到赦免，他宁可受到这些价值的谴责，也不愿以一种更恢宏，更能有所建树，但需要他自己去发明的伦理学的名义得到昭雪。他在案件审理期间的态度更加奇特。没有一次他曾企图为自己的书的内容辩护，没有一次他曾尝试向法官解释他不接受警察和检察官的道德。相反，他认同他们的道德；他将要在这个基础上进行讨论；与其对他们的禁令的合理性提出疑问，他宁可含羞忍辱，就他的作品的意义大撒其谎。一会儿他说这部作品纯属娱乐，以为艺术而艺术的名义他要求有权从外部模仿各种情欲但不必亲身感受，一会儿他又把作品说成有裨道德教化，旨在引起人们对恶习的憎恶恐惧。事隔九年，他才敢向安塞勒吐露

---

① 一八六二年三月十七日的信。——原注

真情：

　　　　既然您和别人一样也没有猜到，我是否应该告诉您，在这本残酷的书里我放进了我的整个心灵，我的所有温情，我的全部宗教（经过伪装），我的全部仇恨？确实，我将写出相反的话，我将呼天抢地起誓说，这是一本纯艺术的书，一本模仿的、杂耍的书；我将像一个江湖牙医一样说谎。①

　　他听凭别人审判他，他接受他的审判官，他甚至给皇后写信说他"受到司法部门彬彬有礼的对待……"更有甚者，他要求在社会上得到昭雪，首先是获得十字勋章，然后是进入学士院。与所有那些希望解放人类的人作对，与乔治·桑和雨果作对，他采取了他的刽子手的立场，采取了安塞勒、奥比克、帝国警察和学士院院士的立场；他要求他们用鞭子打他，要求人家用威慑手段迫使他实践他们宣扬的德行："假如一个人养成懒惰、胡思乱想、好逸恶劳的习惯，老是把紧要事推到第二天去做，某天早晨另一

―――――――――

　　① 一八六六年二月十八日的信。——原注

个人用鞭子抽醒他，无情地鞭打他，直到此人虽不能以工作为乐趣，出于恐惧也就去工作了，这另一个人——这个挥动鞭子的人——难道不就是他的朋友，他的恩人？"本来只需要一件小事，一转念，对这些偶像投去简单一瞥，就足以使他的锁链突然脱落。他却没有这样做，整个一生他都同意用公共的尺度去评判自己，也让人家评判他的过错。正是他，这位作品被禁的受诅咒的诗人，有一天写道：

> 在所有时代和所有民族里，都应该有神，有先知出来，向沦为兽类的人类教导（美德）……而人靠他自身是无法发现美德的。

我们还要想象比这更彻底的弃权吗？波德莱尔宣称单靠他自己他不可能发现美德。假如让他自顾自，他身上就不会有美德的萌芽，他甚至不会知道美德的意义所在。这个美德须由先知披露，由神父和牧师挥动鞭子灌输，它的基本特征是非个人的力量所能及的。个人不可能发明它，也不容怀疑它：个人只能满足于像接受神粮一样接受它。

人们一定会把这个归咎于波德莱尔受到的基督教

教育。他所受的教育无疑给他打上了深刻的印记。但是请看另一名基督徒，安德烈·纪德——这一位是新教徒，这点不假——走过的路。他的性变态和公众的道德观念在他身上发生原初冲突，他站在前者的立场上反对后者，他像酸液一样慢慢腐蚀束缚他的严格原则；他历尽挫折，向自己的道德前进，他尽了最大努力去发明一套新的规则。然而基督教的烙印在纪德身上与在波德莱尔身上同样深刻；不过他要求从别人的善底下解脱出来；他拒绝一开始就被当作长疥疮的羊对待，从一个相同的处境出发，他作出另一种选择，他要求扪心无愧，他懂得只有通过彻底地、无所为而为地发明善与恶，才能得到解脱。可是为什么波德莱尔这个天生的创造者，这个崇尚创造的诗人，到最后关头却退缩了；为什么他把自己的精力和时间用于维持那些判定他有罪的规范？有一个他律一开始就判处他的良知他的意志永远沦为有愧的良知和作恶的意志，面对这个他律他怎么能不气愤呢？

　　让我们回到这个有名的"他性"上去。创造行为不容享用；创造者在他进行创造的时间内超越了特殊性，把自己搬到自由的纯净天空中去。他不再是任何东西；他在做。无疑他在自己身外建造一个客观的个性。不过当他着手这样做的时候，这个个性与他本人尚无区别。而这以后，他又不再能进入这个个性，他面对它犹如摩西站在福地的门槛上。我们将在下文看到，波德莱尔之所以写诗，是为了在诗里找到这个个性的形象。但是他不可能满足于此：他要在自己的日常生活中享用自己的他性。创造价值的伟大自由从虚无中突现；它使他害怕。偶然性、无从辩解性和无所为而为性，不停地围攻这个企图让一个新的实在在世界上涌现的人。如果说这个实在真是绝对新的，却没有任何东西要求得到它，没有任何人在世上等待它，它和它的创造者一样，是多余的。

波德莱尔是在一个既定世界内张扬自己的特殊性。他首先针对他的母亲和继父，带着反抗情绪和愤怒确立他的特殊性。他做的只是反抗，而不是革命行为。革命者想改变世界，他为趋向未来，趋向他发明的一个价值体系而超越这个世界；反抗者却留意原封不动维持他身受其害的种种滥用职权的行为，以便他能起来反抗它们。在他身上总有一种有愧的良知的各种成分，好比有一种负罪感。他既不想毁灭，也不想超越，只要挺身反对秩序。他越是攻击秩序，就越在暗中尊重它；他在公开场合对之争议的各种权利，其实都被他保存在内心最深处：万一这些权利消失了，他的存在理由和他的辩解就会随之一起消失。他就会突然陷入令他害怕的无所为而为性中。波德莱尔从未想过摧毁家庭观念，恰恰相反；不妨说他从未超脱童年阶段。

孩子视父母若神明。父母的行为和判断都是绝对正确的；他们体现普遍理性，法，世界的意义和目的。当这些神明把目光投向他身上时，这个目光立即使他的存在由表面直至其核心都得到理由；这个目光赋予他一种确定的、神圣的性质：既然神明不可能弄错，他就是他们见到他的那个样子。任何犹豫，任何怀疑，都在他的灵魂里找不到位置：诚然，他自己把握到的仅是自身朦胧的情绪起伏，但是有神明充当他的永恒本质的守护者，他知道这个本质存在着，即便他不能认识它，他知道他的真相不在他关于自身能知道的东西之中，而是藏在这些朝着他看的既可怕又温柔的眼睛之中。他既是位于其他真正本质中间的真正本质，便在世界上有他的位置——在一个绝对世界上的绝对位置。一切都是充盈的，一切都是正确的，一切存在的东西都应该存在。波德莱尔始终怀念童年情爱的绿色天堂。他把天才定义为"从心所欲找回来的童年"。对他来说，"儿童看一切都有新鲜感；他永远带着醉意"。但是他没跟我们说，这是一种非常特殊的醉意。确实，对于孩子一切都是新鲜的，但是此一新鲜已由其他人见到、命名、分门别类了：每一物件向孩子呈现时都挂着标签；它让人极其放心而且极其神圣，因为大人的目光还滞留其上。孩子远非在探索未知地带，他在翻阅一本画册，检查一套植物标本，以业主的身份巡视物业。波德莱尔怀念的正是这种童年的绝对安全感。当孩子长大，高过父母，越过他们的肩膀去看世界时，悲剧便开始了。在父母背后什么也没有：当他身高超过父母时，当他可能评判他们时，他就体验了自己的超越能力。他的父母缩小了；他们现在显得单薄而平庸，不可能得到辩解，也未曾得到辩解；那些吞吐宇宙的庄严的思想降为一些看法和情绪。猛一下子，世界有待再造，所有的位置乃至事物的排列秩序都受到争议。而且，既然一个神明的理性不再想着他，既然盯住他的目光只不过是其他光明中间的一道微光，孩子就失去他的本质和真理；朦胧的思想——从前他以为这是他的形而上实在的断裂折射——忽然变成他的唯一存在方式。责任、礼仪、明确和有限的义务，一下子统统消失。他未经辩解，也不可能得到辩解，他突然经历了他可怕的自由。一切有待从头开始，他突然置身茫茫的孤独和虚无之中。

波德莱尔无论如何也不愿落到这步田地。他的父母对于他仍是可憎的偶像，但毕竟是偶像。他以怨恨的姿态，而不是批判的姿态，在他们面前亮相。而且他要求得到的他性，与我们每个人命定的那个伟大的形而上的孤独，毫无共同之处。孤独法则确实可以表述如下：任何人都不能把为他自己的存在找到理由这件事推给其他人去做。而使波德莱尔发怵的，正是这一点。孤独令他毛骨悚然。他在写给母亲的信中反复提到孤独，称之为“残酷的”“令人绝望的”。据阿斯利诺说，一个小时没有伴侣，他就忍受不了。我们需要知道，这里指的不是身体的孤立，而是作为唯一性的代价的“置身茫茫虚无之中”的感觉。他诚然要求成为“另一个人”，不过是其他人中的另一个人；他那高傲的他性，是他与他蔑视的人之间的社会联系；他们必须待在那里，以便确认他的他性。《断想集》中那段奇怪的文字证明了这一点："当我使大家感到恶心和憎厌的时候，我就征服了孤独。"对波德莱尔感到恶心和憎厌，这还是在关注他。这甚至是对他很关注；请想一想：感到憎厌！而且，假如这种恶心和这种憎厌是普遍的，那就再好不过了：那就是说所有人，在所有时候，都在关心他。如他理解的那种孤独，因此是一种社会职能；贱民为社会所不齿，不过正因为他是一个社会行为的对象，他的孤独便得到公认，对于各种体制的正常运行他甚至是必要的。波德莱尔似乎要求人们公认他的特殊性，并且赋予它十种准体制性质。人类的孤独是他隐约见到的并且拒绝的，这种孤独会夺走他在世界上的任何位置和取得一个位置的任何权利；他的孤独则相反，它给他定位，并且赋予他若干义务和特权。所以他将要求他的父母承认它。他第一个目的，是通过让他们认识到他们的错误有多大而惩罚他们。当他让他们看到他们遗弃他到了什么地步，也看到他引以为荣的那个既蔑视别人又被别人蔑视的唯一性，这个目的也就达到了。

他应该使他的父母对他憎厌。众神面对他们的造物感到的是同一种憎厌，这种憎厌将既使他父母受到惩罚，也使他自己得到确认。认为波德莱尔有个未经彻底消解的俄狄浦斯情结，这么说倒是很取巧。不过，他是否对母亲怀有欲望无关紧要；我更愿意说他拒绝消解把父母视作神祇的神学情结：这是因为，为了能变通孤独法则并且在别人那里找到治疗无所为而为性的良药，他必须赋予其他人，其他某些人，一种神圣性。他要求的不是友谊、爱情和平等的关系；他没有朋友，至多有几个无赖汉可以对他们说说心里话。他要求的是法官。是一些他可以断然置之于原初的偶然性之外的人，这些人之所以存在，简而言之，是因为他们有权存在，因为他们的裁决能赋予他一种稳定的、神圣的本性。他同意让自己在他们眼中是有罪的。在他们眼中有罪，就是说绝对有罪。但是在一个神权世界中罪人自有其职能。有其职能和权利：他有权受到谴责和惩罚，有权悔过。他也出力维持普遍秩序，他的过失赋予他一种宗教性的尊严，在人的等级体系中派给他一个另外的位置：他在宽容或愤怒的目光下受到庇护。不妨再读一下《女巨人》：

我真想待在一个女巨人身边，

像淫猥的猫在女王的脚边徘徊。

　　吸引一个女巨人的目光，用后者的眼睛把自己看成一头家养的动物，在由巨人、神祇一般的人统治的贵族社会中像猫那样生活，懒洋洋、淫猥、邪恶，听凭巨人们不征求他的同意就为他决定世界的意义和他的生命的最终目的：这便是他最宝贵的愿望。他要享受一头无所事事，无益无用的宠物的有限度的独立，让主人们的严肃神情来保护他的游戏。明乎此，人们当然会在这种梦想中找出自虐狂的踪迹；波德莱尔自己也会说此一梦想有魔鬼的性质，既然他直言不讳愿把自己等同于一个动物；而且，既然他求得认可的需要，促使他面对强大的严肃意识，力图把自己变成一个物件，他岂非必然是个自虐狂？人们大概会指出，比起猫的状态，波德莱尔更怀念婴儿的状态，但求有强壮美丽的手帮他洗澡，喂他食物，给他穿衣服。人们这样想是对的。不过这并非因为某一机械性的事故中断了他的发育过程，也不是因为他曾遭受某一无从证明的伤害。假如说他怀念他的孩提时代，那是因为，那个时候他的存在自有别人代他操心，因为对于

47

温柔地、无微不至地关怀他，又会训斥他的大人们，那个时候他完全是个奢侈的物件，因为那个时候——只有在那个时候——他可以实现自己的梦想，感到自己完全被一道目光所包围。

可是，若要使得给波德莱尔在世界上定位的那个判决不容上诉，首先必须使这个判决依据的理由是绝对的。换言之，波德莱尔在拒绝争议他的法官们的神圣性的同时，也拒绝怀疑他们据以作出判决的那个善的理念。假如他应该是绝对有罪的，假如他的特殊性应该是形而上的，那就应该有一个绝对的善。对于他来说，这个善既不是一件爱物儿，也不完全是一个绝对律令。它与一个目光混为一体。一个既发号施令又谴责问罪的目光。诗人把普遍接受的关系颠倒过来了：对于他，居第一位的不是法律，而是法官。这以后，那个穿透他，把他放回属于他的那个位置上去，使他"客观化"的目光，那个"兼备善恶"的巨大目光，是他母亲的，是奥比克将军的或是上帝的都无所谓了。这是合一的目光。在一八四七年发表的《芳法罗》中，波德莱尔宣扬自己的无神论。"如同他曾经狂热地信奉宗教一样，现在他是激烈的无神论者。"由此可见，他在失去信仰之前，似乎在青年时代曾对宗教入迷，倾心于神秘。后来，他好像没有恢复信仰，除了在一八六一年的精神危机期间。在他神志清醒的最后几年中，一八六四年，他写信给安塞勒：

> 我将耐心地解释我之所以对人类感到恶心的全部理由。当我绝对孤独时，我将去寻找一种宗教……而在临终的时刻，我将背离这一宗教，以便表示我对人类普遍愚蠢的恶心。您看，我没有改变。

由此可见，天主教批评家们把他引为同调，似乎操之过急。不过他是否有信仰无关紧要。假如说他不把上帝的存在视作一种实在，至少这个存在好比是他的颠倒梦想的汇聚点。他在《断想集》里写道：

> 即使上帝不存在，宗教仍是圣洁的，神明的。
> 上帝是唯一甚至不需要存在便能行使其统治的那个本质。

因此，比赤裸裸的存在更重要的，是这个全能的本质的性质及其职能。必须指出，波德莱尔的上帝是可怕的。他派遣天使来拷打犯罪者。他的法律是《旧约》。在他与人类之间，没有人代为说情，波德莱尔似乎不知有基督。让·马森本人也指出"这对救世主的悲惨的无知"①。这是因为，问题不在于得救，而是在于被审判，或者不如说得救就在审判里面，审判把每个人放回有序世界里适当的位置上去。当波德莱尔埋怨自己没有信仰的时候，他遗憾失去的始终是证人和法官："我诚心诚意渴望……相信有个外部的、不可见的存在关注我的命运。可是怎样才能使我相信呢？"② 他所缺少的，不是上帝的爱和圣宠，而是这个能包围他，承担他的纯粹"外部"目光。在《赤裸裸呈上我的心》里，当他阐述这个奇怪的证明上帝存在的理由时，他采取的也是同一观点："对上帝有利的推理：一切存在皆有目的。因此我的存在有个目的。什么目的？我不知道。因此不是我标出这个目的。因此是某个比我更有学问的人做的。因此必须

━━━━━

① 让·马森：《波德莱尔面对痛苦》(《今昔丛刊》)，第十期，第十九页。——原注
② 一八六一年五月六日给母亲的信。——原注

求这个人指点我。这是最高明的做法。"

我们在这段话里再次发现对先定的目的序列的固执的确认，波德莱尔在其中再次披露他渴望由一个造物者的目光把他纳入这个等级体系之中。不过，这个不讲爱德的上帝，这个主持正义、专事惩罚，而且因其鞭打受人感激的上帝，他既不给人以爱，也不要求得到爱。他与奥比克将军，另一个鞭打人的父亲，没有区别；这位父亲叫他的继子发怵。人们一本正经地断定波德莱尔爱恋奥比克将军。此类昏话根本不值得去驳斥。不过有一点倒是成立的：他终生抱怨继父对他严厉，其实这正是他要求的。奥比克将军在他的自我惩罚过程中扮演了主要角色，我们将在下文讲到这个过程。另外，同样确实的是，可怕的奥比克将军死后，似乎又在诗人的母亲身上返魂。不过这里情况甚为复杂。奥比克夫人无疑是波德莱尔对之怀有柔情的唯一的人。对他来说，她始终与一个甜蜜、自由的童年相连。他不时不无感伤地对她提醒这一点："我的童年里曾有一段时期对你怀有炽烈的爱；你听着，读下去，别害怕。对这件事我从来没有跟你说得这么多。我记得有一次坐出租马车散步；你从人家把你遗弃在里面的那家疗养院里出来，为了证明你想着你的儿子，你把你为我画的几幅钢笔画拿给我看。你相信我的记忆力好得惊人吧？后来，在圣安德烈艺术广场和讷伊。长时间的散步，永久的温情！我记得晚上一片凄清的滨河马路。啊！对于我这曾是享受温柔的母爱的美好时光……那时候，我始终活在你身上；你唯一属于我。你既是偶像，又是同志。"他必定更像爱一个女人那样爱她，而不是像爱一个母亲那样：奥比克将军还在世时，他喜欢约她在博物馆里如私通的情人那样幽会。在他去世前几年，有时他仍会对她采用一种迷人的、轻佻的献媚口气："（在翁夫勒）我不会感到幸福，这不可能，但是我会安下心来，把整个白天用于工作，整个晚上用于逗你开心，向你献殷勤。"① 何况他对她不存幻想：她脆弱、固执、任性、"异想天开"，她没有任何趣味，她的性格"既荒谬又豪爽"，她盲目信任随便哪个陌生人甚于自己的儿子。可是，渐渐地，奥比克将军感染了她。他的严厉扩散到她身上，以致在丈夫死后，她不由自主接过他

---

① 一八六〇年三月二十日的信。——原注

的不容抵抗的审判官角色。这是因为波德莱尔绝对需要有个证人。然而她既没有力量惩罚他，也没有这个愿望，可是面对这个他熟悉透顶的微不足道的小妇人，他却开始发抖了。一八六〇年——他年近四十——他向她坦白："你必须知道一件你可能从未猜到的事情，那就是你叫我十分害怕。"当"他对自己不满意时"，就不敢给她写信，他口袋里好几天揣着她寄给他的信，不敢拆开："……一会儿害怕你对我的责备，一会儿又唯恐获悉你健康不佳的消息，我不敢拆你的信。面对一封信，我也没有勇气……"他知道这些责备是不公正的、盲目的、难以理解的，知道她是在安塞勒的影响下或者她在翁夫勒的邻居，或者一名他憎恶的本堂神父的影响下提出这些责备的。所有这些情况都不要紧：对于他，这些责备是不允许上诉的判决。由不得她做主，他赋予她审判他的最高权力。即便他逐一争议判决依据的各项理由，判词依然没有动摇。在她面前，他选择了投入有罪者的处境。他的信都是俄国式的忏悔；而且，由于他知道她在责怪他，他就想方设法为她提供理由，"添油加醋"。不过他尤其需要在他母亲眼中救赎自己。他最迫切的、最经常的愿望之一，是她有朝一日能撤销她对他的判决。他四十一岁时有过一阵宗教狂热，曾祈祷上帝赐给他"必要的力量以便完成所有义务"，也赐他"母亲长寿以便能为（他的）转变而高兴"。他的书信里经常出现此一祝愿。我们感到此祝愿至关紧要，而且其重要性是形而上的。他期待的这个最后审判，是对他一生的认可。假如在他母亲去世前此一仪式尚未举行，波德莱尔的一生就算糟蹋了，它就会遭受他全力抗拒的无所为而为性的突然入侵。可是，相反，某一天她若宣告满意，她就能给这痛苦不安的一生盖上她的印记；波德莱尔的灵魂也就得救，因为他那个巨大的朦胧意识将被核准。

这个严厉性一会儿洗练到极点，仅是上帝的纯粹目光，一会儿又化作一名将军，或者一个垂老的、微不足道的妇人的肉身，可是它也能采取其他形式。一会儿它将是拿破仑三世的法官，一会儿它又成了法兰西学士院诸位将被赋予意想不到的尊严的院士。人们声称波德莱尔对《恶之花》遭禁感到惊奇；其实不然：他等待此一判决，他给普莱-玛拉西的信证明这一点；我们甚至可以说他寻求这个禁令。同样地，当他申请加入学士院时，他希望得到的与其说是投赞成票的人，不如说是一些审判官，既然他愿意让不朽者们的表决给他带来昭雪。弗朗索瓦·鲍歇写得好："因此波德莱尔想过，假如他能跨进学士院的门槛，围绕他的猜疑将立刻烟消云散。显然如此，不过这个推理包含一个怪圈，因为正是这种猜疑使诗人不可能有任何成功机会。"唠唠叨叨使波德莱尔大为恼火的安塞勒是个好好先生，因此没有资格居于法官之列，波德莱尔一时轻举妄动便为自己另选一个顾问，某位雅科脱先生。他宣称对之极为满意："看他那副漫不经心的样子和他喜爱快乐的劲头，我觉得他是个明智的人。至少他知道遵守礼仪，通过他让我接受的这场详细但是友好的盘问，他证明了这一点。"且看这位雅科脱先生在写给奥比克夫人的一封信里如何表达他对波德莱尔的看法：

> 他很平静，我让他感到以此种手段对待一位
> 受尊敬的友人，而且是他母亲的友人，实为失
> 礼；他在认错的同时，坚持不愿与他保持关
> 系……我相信他是真诚的，因为他若行为端正，
> 不引您和我犯错误，对他本人大有好处。

因此我们不得不作结论，说波德莱尔喜欢这种不引人注目的保护口气。何况他本人对他母亲解释他曾受到训斥时，也不无自鸣得意：

> 雅科脱先生一开始很强烈地责备我过于粗暴……

他补充说：

> 雅科脱先生问我，如果他接替安塞勒，我是否会服从来自他的某种监督。我回答说我将乐于接受……

换了一个主人，他便心满意足了。千真万确，每个人依照他自身的形象塑造他的命运；波德莱尔既然打一开始就选择了在监护下生活，命运也就特别成全他：那个家庭监护会的存在，无疑是他数不清的屈辱和麻烦的根源，他非常真诚地憎恶它。可是，对于这位皮鞭和法官的爱好者，这个法庭是必不可少的，它满足他身上的一种需要。所以，不应该把他的家庭监护会看作断送了他的生涯的不幸事故，而是看作诗人的愿望的十分准确的形象，乃至比作一个为他的平衡所必需的器官。幸亏有了这个家庭监护会，他就永远被拴住了，永远套上锁链；终其一生，波德莱尔想必会称之为"先生们"的这些庄重威严的人物，有权用严父的口气对他说话；他必须像一个挥霍成性的学生那样乞讨金钱，而且他只有依靠法律带给他的为数众多的"父亲们"的善意，才能得到金钱。他是个永恒的未成年人，一个老迈的少年，在愤怒和仇恨中，但是也在别人的警惕和令人安心的守护下度过一生。

而且，好像他有了那么多的监护人和财产管理人，那么多的决定他命运的大腹便便的先生们还不够似的，他还选中一个秘密监护人，所有监护人中最严厉的一个，约瑟夫·德·梅斯特①，他人的最终体现。他说："是他教会我思想的。"为了能彻底感到自在，他不是必须在自然和社会的等级制度中占据一个被指定的位置吗？这位严峻的、不诚实的思想家把保守主义的令人陶醉的论据传授给他。因为一切都是相关联的：在这个他想成为专捅娄子的孩子的社会里，必须有一批出类拔萃的鞭打者："在政治上，真

① 约瑟夫·德·梅斯特（1753—1821），法国政治家，作家，君主政体的辩护士，《圣彼得堡之夜》的作者。

正的圣徒是那个为了民众的利益而去鞭打、杀害民众的人。"他写下这句话时想必怀着快乐的战栗：因为，假如政治家以民众利益的名义去杀害民众，这个利益就更加可靠地不可企及了。这又是多么安全，因为受害者被禁止自己做主，而且在他受苦受难时人们告诉他，他正在为自己的利益——这个他不知道的利益——而死去！还必须预先确立最严格的等级制度，使鞭打者成为这个等级制度的守护者。最后，还必须使特权和革除教籍的处罚不源自矢志建立的业绩或故意犯下的过失，而是相反，先验地像诅咒一样压在人的身上。因此，波德莱尔将宣布自己是反犹太主义者。剧本已经排练就绪：波德莱尔在其中有他的位置在等着他。他不会是鞭打者——因为在鞭打者们的上头是虚空和无所为而为性——但是他将是——怀着何等喜悦——被鞭打者中的第一人。

可是，不要忘记，波德莱尔是在有意识地作恶时，而且通过他在恶中的意识依附善的。对于他来说，除了某些时候突如其来的，何况都是短促和无效的宗教热情，道德律之所以存在似乎只是为了能被违背。他不满足于骄傲地要求贱民的命运：他必须每时每刻都犯罪。这里，由于一个新的维度：自由的维度的介入，我们的描述就复杂起来了。

这是因为波德莱尔对他的特殊性的态度并非如此简单。一方面，他要求享用他的特殊性如同其他人能够做到的那样，这就意味他想面对这个特殊性如同面对一个物件：他希望他的内心目光能使这个特殊性诞生，如同白乌鸦的白色在其他乌鸦的眼皮底下诞生。这个特殊性必须待在那里，摆好了，如一个本质那样稳当、平静。但是，另一方面，他的骄傲不能满足于一种被动接受的，他自己不是其作者的那种独特性。他要为自己造出他是的那个样子。我们已经看到，他从童年时代起，因为害怕承受他的"分离"，便狂怒地自行担当这个分离。无疑，他既不能在自己身上达到那个能使他成为不可替代者的东西，他就转向其他人，要求他们用他们的审判把他造成另一个人。可是他不能接受自己成为他们的目光所关注的纯客体。如同他要把自己隐秘生活的朦胧潮流客观化一样，他企图通过把他对于别人而言的那个物变成他自己的一个自由谋划，从而内化那个物。实质上，这里涉及的始终是同一个收复自己的恒久努力。在隐秘生活的层面收复自己，这就要努力把自己的意识看作一个物以便能更好地拥抱它；可是，问题一旦涉及一个人对其他人而言的那个人，这个人若能把此物等同于一个自由意识，他也就收复了自己。此一自相矛盾的交替选择来自占有这个概念的模棱两可性。人只有在创造自己的时候才能占有自己，而人若创造自己，就逃脱了自己；人们能够占有的永远只是一个物；可是，如果人们在世上只是物而已，人们就失去作为从事占有的基础的那个创造性的自由。其次，波德莱尔虽然能感受并喜爱自由，当他下降到他的意识的朦胧境界时，他却在自由面前感到害怕。他看到自由必定引向绝对孤独和完全责任。孤独者知道自己无依无靠，却对世界，对善与恶负有责任，他为此感到焦虑；波德莱尔要躲避这种焦虑。他无疑要求自由，然而是在一个现成世界的框架内得到自己。如同他设法获得一个有伴侣的、被确认的孤独一样，他企图给自己一种责任有限的自由。无疑他要创造他自己，但是要造成的是其他人看到他的那个样子。他要做这个矛盾的本性：一个自由物。他躲避自由只受它自身的限制这个可怕的真理，他寻求把自由限定在一些外部框架之内。他所要求于自由的，无非是它强大到足够让他能要求把他在其他人心目中的形象当作他自己的作品收归己有；他的理想是当他自己的原因，这样就能抚慰他的骄傲，同时又要依照一个神明的计划产生自己，这样就能安抚他的焦虑并且为他的存在找到理由；总而言之，他要求得到自由，这就假定他即便在独立中也是无所为而为的，没有理由的；还要求得到确认，这就意味着社会把他的职能乃至他的本性强加给他。

在约瑟夫·德·梅斯特的世界中，并非谁想要自由就能确立自己的自由。道路都划出来了，目的都规定好了，命令都给出了，对于正派人只剩下一条途径：遵守成规。而这对波德莱尔正中下怀：神权政治不是把人的自由限于选择手段以便达到不容争议的目的？

可是，另一方面，他蔑视有用的事物和行动。而所谓有用的事物，正是指一切为达到某一既定目的而调动手段的行为。波德莱尔具有太强烈的创造感，不能接受此一谦卑的工匠角色。在这个意义上，我们可以在这里窥见他以写诗为使命的含义：他禁止自己去创造善，他的诗好比是善的创造的取代物。他的诗显示意识的无所为而为性，它们是完全无用的，它们的每一行都确立他自称的超自然主义。同时它们停留在想象中，他们不去触及最初的和绝对的创造问题。在某种程度上它们都是代用品，每首诗代表某一要求完全自主的愿望，某一对于半人半神的创造力的渴望的象征性满足。可是波德莱尔不能完全满足于这种派生的，似乎有点阴险的活动。于是他处于一种矛盾的境地：一方面他要通过只为属于自己的目的而行动来表现自己的自由意志，但是另一方面他要通过接受神权政治的既定目的来掩盖他的无所为而为性并且限制他的责任。他的自由只剩下一条出路：选择恶。我们的意思是说，并非尽管是禁果还要去摘取，而是因为是禁果才去摘取。当一个人受利益指使，在与自身达成一致的情况下选择了犯罪时，他可以是有害的或残酷的，但是他并非真正地为恶而恶：在他身上没有对自己所作所为的任何不赞同。只有其他人可以从外部判定他是恶的；但是，如果允许我们进入他的意识内漫步，我们会在其中发现一整套理由，它们可能粗浅，却是彼此协调的。为恶而作恶，这恰好是故意去做与人们继续肯定为善的事情相反的事情。这是想要人们不要的东西——既然人们继续痛恨恶的势力——同时又不想要人们不要的东西——既然善始终被定义为深层意志的对象和目的。而这正好就是波德莱尔的态度。他的行为与粗俗的犯罪者的行为之间的差距，犹如黑弥撒与无神论之间的差距。无神论者不关心上帝，因为他一劳永逸地决定了上帝不存在。可是主持黑弥撒的神父因为上帝是可爱的而恨他，因为他是可敬的而嘲弄他；他矢意否认既定秩序，但是同时他又保全这个秩序而且比任何时候更加确认它。他只要有片刻停止确认它，他的意识就会再次与自己保持一致，于是恶一下子就转化成善，而且它将超越所有不是自己发出的命令，涌现在虚无之中，得不到辩解，担负起全部责任。我们在上文引用的关于双重要求的那段话，清清楚楚为"恶中的意识"定性的那种撕裂感："任何人身上，在任何时候，都同时有两种诉求，一种趋向上帝，另一种趋向撒旦。"确实应该这样理解：这两种诉求不是独立的——两种同时作用于同一点的相反的、自主的力量——而是双方相互关联。为了使自由给人带来眩晕，自由就应该选择在神权统治的世界中无限地有错。于是它在这个完全投入善的世界中便是唯一的；可是，自由必须完全赞同善，维护并且加强善，才能投入恶之中。那个罚自己入地狱的人获得一种孤独，它好像是真正自由的人那种伟大的孤独的削弱了形象。他果真是孤独的。其孤独的程度恰好是他愿意的那样，不多不少。世界仍有秩序，目的依旧是绝对的，不可触犯的，等级体系未被打乱：只要他悔过，只要他停止要求恶，猛一下他就会恢复他的尊严。在某种意义上他在创造：在每个因素都作自我牺牲以便致力于整体伟大的世界里，他使特殊性得以出现，也就是说使某一片段，某一细部起来反叛。由此，某个以前不存在的东西产生了，任何东西都不能抹掉它，世界的严格布局丝毫没有为它准备位置：这里指的是一个奢侈品，无所为而为，不可预料。在这里需要阐明恶与诗的关系：当诗附加地以恶为对象时，两种责任有限的创造便汇聚、融合在一起，于是我们就拥有一朵恶之花。可是故意去创造恶即犯过失，便是接受和承认善；恶的创造对善表示敬意，在它把自己命名为恶时，它承认自己是相对的、派生的、没有善也就不存在了。因此，它是以迂回的方式致力于弘扬规则。更有甚者，它宣告自己是虚无的。既然一切都为善服务，恶就不存在。如同克洛岱尔①说的那样：最坏的并非始终可靠。有罪者感到他的过错既是对存在本身的挑战，也是一种淘气行为，它仅在存在的表面上滑过，不加损害，因此无足轻重。犯罪者是个捣蛋孩子，可是他本质是好的，他自己也知道这一点。他把自己看作浪子，他的父亲永远期待他归来。通过拒绝有用的事物，用心用力去培植无效的，甚至没有真实存在的不正常事物，他接受自己被人看作一个在做游戏的少年。这一点甚至使他在恐惧中也怀有完全的安全感：他在游戏，别人听之任之；简而言之，他的自由本身，他作恶的自由是被授予的。罚入地狱的事无疑是有的，但是犯罪者如此痛苦，他在犯过失的同时保留着如此敏锐的善的感觉，以致他不真正怀疑自己会得到原谅。地狱是为粗厚的、让犯罪者本人感到满足的卑劣行径设置的，可是为恶而恶的人的灵魂是一朵奇花异葩。它在粗俗的罪人的泥潭中不得其所，犹如公爵夫人厕身圣拉萨尔区的妓女们中间。何况波德莱尔在恶的信徒中属于贵

---

① 克洛岱尔(1868—1955)，法国诗人、剧作家。

族阶级，他对上帝的信仰程度还不足以使他真的害怕罚入地狱。对于他来说，罚入地狱是这个世界上的事情，此事从来不是一成不变的：它是别人的谴责，是奥比克将军的目光，是他揣在口袋里不敢拆开的他母亲的信，是家庭监护会，是安塞勒苦口婆心的絮叨不休。可是总有那么一天，他的债务将能偿清，他的母亲将宽恕他：他不怀疑最后将得到救赎。我们现在明白他要求得到严厉的法官了：宽恕、容忍和理解将减轻他的罪名，也就相应削弱他的自由；真叫用心奸诈。儒勒·勒梅特尔有一段关于他的话说得很准："由于没有任何东西在强度上和深度上能与宗教感情相埒（由于宗教感情能够包含的恐惧和情爱），人们就把它们接过来，在自己身上使它们复苏——而在这样做的同时，人们在寻求为宗教感情由之派生的信仰所最直接谴责的感觉。人们于是达到某种奇妙的人为的东西……"①

确实无疑，波德莱尔从他的过失中感到快乐。不过需要解释这种快乐的性质。当勒梅特尔补充说波德

① 儒勒·勒梅特尔（1853—1914）：一八八七年，《雄辩报》。——原注

莱尔主义乃是"智力和感情伊壁鸠鲁主义的最高努力"时，他完全搞错了。对于波德莱尔来说，问题不在存心加强自己的快乐：他甚至可以真诚地回答说，相反的，他败坏了自己的快乐，他连想都没有想过如伊壁鸠鲁主义者那样去寻求快乐。可是过失引向感官享乐，感官享乐因过失而得益。它首先是一切享乐中首选的快乐；既然它是被禁止的，它就是无用的，它是一种奢侈。可是，此外，由于它是为一个自由在与既定秩序对抗中寻求的，而且这个自由为了使它得以产生不惜把自己罚入地狱，它就好像与一种创造相似了。粗俗的快乐无非是欲望的简单满足，它们把我们锁定在自然本性上，同时使我们变得平庸。可是波德莱尔称之为感官享乐的东西，是妙不可言的稀罕之物：既然犯罪者在他获得感官享乐的下一个瞬间便陷入悔恨之中，他的感官享乐就是他投入此道的唯一的幸运瞬间。由于得到感官享乐，他便成为有罪的，而且在他堕落的过程中，他的审判官们的目光没有离开他：他当众犯罪。而且，他理应遭受的道德谴责把他转化为物，从而带给他一种残酷的安全感；在他体会这一安全感的同时，他因感到自己是创造者，是自由的，而萌生自豪感。此一反省必定伴随他的过失，阻止他一直抵达快乐的核心。他从不让自己陷得太深，以致迷失方向。相反，他正是在最尖锐的感官享乐中找到自己：他整个儿待在那里，既是自由的又被定罪，既是创造者又是罪人。此一对自身的享受好比在他与他的快乐之间设置了观望的距离。波德莱尔式的感官享乐好像是被扣留了，它更多是被观看的而不是被感受的，人们仅拂过它的表面，它在同等程度上既是目的又是借口；自由和悔恨使它精神化；恶使它变得精致，抽去它的本质。

我说：爱情带给人的唯一的和最高的感官享乐在于确信自己在作恶。——男人和女人一生下来就知道任何感官享乐都在恶之中。

我们现在，也只有现在，可以理解波德莱尔这句话：

还在幼年我内心就有两种矛盾的感情，对生命的厌恶和对生命的狂喜。

这里的情况也一样，不应该孤立看待此一厌恶和此一狂喜。对生命的厌恶，这是厌恶一切自然的东西，厌恶自然界那种自发的蓬勃生机，也厌恶意识的活生生的、软绵绵的朦胧境界。其次，这是对约瑟夫·德·梅斯特的干巴巴的保守主义的认同，包括认同它对强制和对人为范畴的喜爱。可是接着，在所有这些屏障的保护下，对生命的狂喜就诞生了。波德莱尔称之为感官享乐的，正是这一完全波德莱尔式的静观和享受的混合，这一精神化了的快乐，这是对恶的审慎的骗取，整个肉体待在后面，抚摸而不拥抱。人家说他阳痿。肉体的占有离自然的快乐太近，无疑并不特别吸引他。谈到女人，他带着轻蔑说她们"处于发情期，要求挨操"。提到他这一类的知识分子，他承认他们"越精研艺术，就越硬不起来"，这可以算作他的自供。可是生命不是自然。他在《赤裸裸呈上我的心》中供认，他"对生命和快乐怀有十分强烈的喜爱"。他指的是经过滗析的置于一段距离之外的，被自由再次创造的生命，是由恶加以精神化的快乐。说白了，他身上的气质多于肉欲。气质型的人在感官的陶醉中也忘不了自身；波德莱尔从不丢失自己。实实在在的性行为令他憎恶，因为它是自然的、粗暴的，因为它在实质上是与他者的沟通："操，这是渴望进入另一个人之中，然而艺术家从不走出他自身。"可是存在一些隔着距离的快乐：见到、触摸、嗅闻女人的肉体。毫无疑问，这便是他给予自己的快乐。他之所以有窥淫癖和恋物癖，正是因为这些恶习减轻了感官享乐，因为它们实现了远距离的，不妨说是象征性的占有。窥淫者不交出他自身；在他穿得整整齐齐，观看一个裸体而不触及它的时候，一阵淫荡的、不显山露水的战栗传遍他全身。他在作恶，他知道这一点；他隔着距离占有他人，然而他保留了自己。这以后，他是否如人们暗示的那样，通过自慰，或者借助他故意粗鲁地称之为"操"的行为来达到满足，都无关紧要了。他甚至在性交时也是一个孤独者，一个手淫者，因为他归根结底享用的是他自己的罪过。主要的是他崇拜"生命"，不过是被禁锢的、被扣留的、一掠而过的生命；主要的是这个不纯洁的爱情，这朵恶之花，诞生在憎厌的沃土上。就这样，从整体上来说，他把罪孽首先设想成色情形式。恶的成千上万种其他形式，诸如背叛、下贱、嫉妒、粗暴、吝啬等，对他都是完全格格不入的。他选择了一种豪华的、贵族化的罪孽。对他的实在的缺点、懒惰和"拖拉作风"，他都是认真对待的。他恨它们，他为之难受：这是因为它们反抗的并非是一些预定的目的，而是他的自由。同出一辙，性自虐狂会亲吻一名为了钱而抽他耳光的妓女的脚，但是可能去杀死当真侮辱他的人。这里涉及的是一种不会产生后果的游戏，一种与生命，与恶的游戏。可是正因为这是一种空洞的游戏，波德莱尔才感到乐在其中；一些无意义的、不结果的、没有后嗣的行为，一种幽灵似的恶能使人感到自由和孤独。同时，善的权利得到维护：发生过的仅是一阵战栗而已；人们一滑而过，人们没有真正牵连进去。据说布封①是戴着袖套写作的；同样地，波德莱尔做爱时也戴着手套。

以他的双重要求为出发点，波德莱尔的内心气候就容易描述了：这个人终其一生，出于骄傲和怨恨，企图让自己在其他人眼中和他自己的眼中成为物。他希望自己像一尊雕像置身于盛大的社会节日之外，定

①　布封(1707—1788)，法国作家、博物学家。

了型，密不透光，不容消化。简言之，我们不妨说他要求自在的存在①——我们指的是一件物那样的固执的、严格界定的存在方式。他要让别人看到这个存在，他要自己享受这个存在，可是波德莱尔不能容忍这个存在像一个器具那样消极、没有意识。他是想成为物，但不是纯属偶然被给予的物。这个物将真正是他的物，它将拯救自己，如果人们能确定它是自己创造自己的，是它自己支撑着自己的存在。于是我们就被打发到意识的存在方式上去，我们称之为自为的存在。波德莱尔不能也不愿彻底做到自在存在或自为存在。他刚让自己走向两种决定中的一种，马上就躲藏到另一种之内。他刚感到自己在他为自己选定的审判官们的眼中是个物——一个有罪的物——赶紧就向他们张扬他的自由，其方式或是夸张他的恶习，或是表

---

① 在萨特的哲学用语中，être 与 existence 相对立。我们译 être 为"自在的存在"，existence 为"自为的存在"，以示区别。同一组对立，在《存在与虚无》中用 être en soi 和 être pour soi 来表述。万物处于静止、不变、浑成、充实状态，归入自在存在的范畴；人有意识、可变、脆弱，归入自为存在的范畴。

示悔恨，此举足以使他如振翮高飞，凌驾在他的本性之上，或者通过我们即将在下文看到的成千上百个其他花招。可是，假如他这样一来就接近了自由的场地，他面对自己的无所为而为性，面对他的意识的边界就会感到害怕，于是他就去攀附一个现成的世界，在那个世界里善和恶都是事先给出的，在那里他占据着一个确定的位置。他选择了拥有一个永远被撕裂的意识，一个内疚的意识。他执意指出人身上永久的两重性，双重要求，灵与肉，生之憎厌与生之狂喜，这体现着他的精神的分裂。因为他要兼为自为的存在和自在的存在，因为他无休止地既是自在存在中的自为存在，又是自为存在中的自在存在，他只是一个张大口子的新创口，而他所有的行为，他的每一个思想都包含两层意义，两个矛盾的，相互制约、相互毁灭的意愿。为了能实现恶，他维护善。如果他作恶，这是为了向善致敬。假如他走出规范，这是为了能更好地感受法则的威力，为了一个目光能审判他，能不顾他的意愿在世界的等级体系中派给他一个位置。可是，如果他明白承认这个秩序和这个最高权力，这又是为了能逃脱它们，能在罪孽中感到他的孤独。在他钟爱的这些怪物中，他首先是在"例外证明规律"的意义上找到世界不容侵犯的法则；可是他找到的法则都是受到嘲弄的。在他那里什么都不是简单的；连他自己也理不清头绪，终于在绝望中写道："我的灵魂如此特殊，连我自己也辨认不出自己。"这个特殊灵魂生活在自欺中。在这个灵魂中确有某种它在永久的逃遁中向自己隐藏的东西：这是因为不选择它的善是它的选择，这是因为他的深层自由对自身不满，向外部借用了一些现成的原则，而且正因为它们是现成的才借用它们。不应该像勒梅特尔那样，当真以为如此这般的复杂都是被明确地、公开地要求的，相信波德莱尔唯独实行一种伊壁鸠鲁主义技巧：事情真是这样的话，所有这些花招就将都是徒劳的，他就会十分了解自己，不至于弄错。他就自身所作的选择在他身上扎进去很深。他不能辨认这个选择是因为他与之合而为一。可是我们也不应该把此种自由选择等同于被心理分析专家打入无意识中的那种说不明白的化学反应。波德莱尔的此一选择，这便是他的意识，他的主要谋划。故此，在某种意义上此一选择浸透他的全身心，好像成了他本身的透明性。它是他的目光的光明，他的种种思想的味道。可是在这个选择里面掺入了不说出自己，拥抱任何知识却又不让自己被认识的愿望。简言之，这个原初选择在其原初就是自欺的。对任何他所想的，他所感到的，对他的任何一种痛苦，任何一种吱吱嘎嘎的感官享乐波德莱尔都不完全相信；可能这才是他的真正痛苦。可是我们不要搞错；不完全相信，这并不就是否认；自欺里仍有一些诚心。我们还不如设想波德莱尔的感情有一种内部真空。他企图通过一种永久的疯狂，一种异乎寻常的神经质，来弥补其感情之不足。可是纯属徒劳：他的感情总显得虚假。他让人想起那个精神衰弱患者，此人自信胃部有个溃疡，在地上打滚，浑身大汗，喊叫，颤抖：可他就是不痛。如果我们可以撇开波德莱尔用来描写自己的那套夸张的词汇，忽略不计在《恶之花》的每一页都能遇到的"可怕""噩梦""憎厌"一类词，我们可能会在这本书里，在焦虑和悔恨底下，在神经的颤动底下，找到甜蜜的，却又比最折磨人的痛苦更难以忍受的东西：冷漠。并非一种由于生理上的不健全而引起的萎靡的冷漠，而是通常伴随自欺而来的那种根本的不可能性：他不可能完全严肃地对待自己。因此，对于组成他的形象的所有线条，我们应该设想它们蒙着一层微妙的、秘密的虚无；而对于我们用来描述他的词儿，也应该避免上它们的当，因为它们提示、暗示的东西远远多于他实际上的那个样子；如果我们想进入这个忧伤的灵魂的月球风景，我们需要提醒自己，一个人永远只是一项欺骗。

他既选定了恶，也就选择自觉有罪。他通过悔恨来实现自己的唯一性和他作为犯罪者的自由。有罪感将伴随他终生。这并非是他的选择所产生的一种讨厌的后果：悔恨在他那里具有功能上的重要性。他把行为变成一桩罪孽；人们不为之悔恨的罪行不再是罪行，至多不过是倒了一次霉而已。在他那里，似乎悔恨甚至产生在过失之前。十八岁那年，他已经给母亲写信说他"丑陋不堪，不敢去见奥比克将军"。他自责"缺点多不胜数，而且不再是讨人喜欢的缺点"。对他寄宿的拉塞格家，他在相当阴险地埋怨他们之余，接着说："被剥光身子并且夺走了全部诗意也可能是一件好事，现在我更理解我缺少什么。"① 后来

① 一八三九年七月十六日的信。

他一直没有停止自责。当然，他是真诚的——或者不如说他的自欺如此根深蒂固，连他自己也做不了主了。他对自己如此憎厌，以致我们可以把他的一生看作一长串自我惩罚。他通过自我惩罚救赎自己，或者用他喜爱的说法，"焕发青春"。可是，同时他好比自认有罪。他解除他的过错的武装，却又确立它在永恒中的地位；他把自己对自己的判决等同于别人对他的判决；这好比他为自己那个犯罪的自由拍下一张快照让它为永恒留下固定的形象。对于永恒，他是所有罪人中最不可替代的那一个；可是在同一瞬间，他又超越这个自由以便趋向新的自由，他为趋向善逃避它，犹如他为趋向恶而逃避善。无疑，惩罚的对象不限于眼下的罪孽，它指向深藏不露的、远为隐蔽的那个自欺。自欺是他的真正过错，他虽不愿承认，却在寻求补偿这个过错。可是他徒然试图越出禁锢他的那个怪圈：因为行刑者和受刑者同样自欺；惩罚与罪行一样旨在讨好：惩罚对准一种相对于现成的规范而言被自由地确认为过错的过错。他给自己施加的这些刑罚中最重的、最恒久的一种，毋庸争辩是他的清醒。我们已看到此一清醒的根源：他一上来就把自己的位置放在反省的层面上，是因为他要把握自己的他性。可是现在他使用此一清醒像使用皮鞭。他称颂的那个"在恶之中的意识"，它有时候可以是美妙的，它首先像悔恨一样揪人心肺。我们看到，他把他引向自己的目光等同于别人的目光。他看到自己，或者企图看到自己好像是另一个人那样。可是我们必定不可能真正用别人的眼睛看到自己，我们过于认同我们自己。不过，假如我们披上审判官的袍子，假如我们的反省意识对于被反省意识模仿恶心和愤怒，假如，为了形容被反省意识，反省意识向学来的道德借用其概念和尺度，我们就可以在一瞬间产生幻觉，以为在反省和被反省者之间引入一个距离了。波德莱尔通过自我惩罚性的清醒，企图在他自己眼中把自己变成物。他对我们解释说，除此之外，此一毫不容情的明察可以借助一个灵巧的手法，取得救赎的性质："我一度回忆起那个可笑的、懦怯或卑贱的行动，感到内心骚乱，可是它与我的真正本性，我当前的本性，是完全矛盾的。我为观照此一行动而耗费的力量本身，我为分析、审判它而用上的审判异教徒的细致功夫，都证明我具备高度的、非凡的追求美德的才能。世界上有几个人如此善于审问自己，如此严厉地给自己判罪?"①
他在这里说的确实是吸鸦片者。可是他也对我们说
过，吸毒引起的陶醉感不会造成吸毒者的人格的重大
改变。他就是那个判定自己有罪又赦免自己的吸毒
者，这个复杂的"机制"整个儿是波德莱尔式的。
从我把自己变成物的那一瞬间起，由于我对待自己像
社会对待我那样严厉，我同时变成法官，而自由就逃
离那个被审判的东西，转而浸润控告者。就这样，借
助一个新的计谋，波德莱尔再次企图汇合自为的存在
和自在的存在。这个严厉的、逃脱了任何宣判的自由
就是他自己，因为这个自由无非是一项审判而已。这
个凝固在自身的过失中，被人观看和审判的人也是他
自己。他既在外又在内，对于他自己既是物件又是证
人，他把别人的眼睛引入自身，以便把握自己像把握
他人一样。而且，在他看到自己的那个瞬间，他的自
由得以确立，逃离了所有的目光，因为这个自由现在
仅是一个目光而已。可是还有其他的惩罚。我们甚至
可以说，他的一生是一个惩罚。我在他的一生中没有

---

① 《人工天堂》。——原注

发现任何事故，任何一种人们可以说本不应该落到他头上的、意料之外的不幸：似乎一切都反映他的形象；每个事件都像是一个蓄谋已久的惩罚。他寻求并且找到了他的家庭判决，寻求并找到了对他的诗作的谴责，他竞选法兰西学院院士的失败，以及与他梦想的光荣大相径庭的那种令人恼火的名望。他努力使自己显得可憎，以便拒人于千里之外，引人反感。他让人传播一些侮辱他的流言，尤其处心积虑让人家相信他是同性恋者。布依松说："波德莱尔作为轮机见习生登上驶往印度的商船。谈到他在船上受到的待遇，他不胜厌恶。只要想一想这个优雅、柔弱、几乎像女人的少年应该是副什么样子，再想到水手们的习俗，那就很可以相信，他说的是真话；我们听他讲述时，不由感到战栗。"一八六五年一月三日，他从布鲁塞尔给保尔·莫里斯夫人写的信："这里的人把我当作警察（这很好！）……当作同性恋者（这个谣言是我自己散播的，而人们居然信了！）"夏尔·库赞说他因搞同性恋被路易大帝中学开除。此一险诈的传闻毫无根据，但无疑是他本人编造的。可是他不限于为自己捏造一些恶习，他甚至故意使自己成为笑柄。阿斯利诺说："他恣意做可笑的事情，换了别的人必定会被羞死，而他反而大为高兴。"认识他的人在谈到他的时候使用一种屈尊俯就的、含笑的口气，今天的读者对之会感到难以忍受，但却是他本人通过其古怪行径诱使他们采用这种口气的。他自己在《断想集》中写道："什么时候我使大家对我恶心和憎厌，我就获得了孤独。"当然，我们应该在此一恶心别人的愿望中，像在波德莱尔的所有其他态度中一样，找到不止一把解开他的秘密的钥匙。可是，无疑应该在其中首先看到一种自我惩罚倾向。连他的梅毒病，几乎都是他决心染上的。至少他在青年时代有意冒这个风险，因为他自称受最低贱的妓女吸引。污秽、肉体的苦难、疾病、医院，这一切都是诱惑，这便是他在萨拉，"犹太丑女"身上所爱恋的：

> 更严重的缺陷，是她戴着假发，
>
> 青丝已从她洁白的颈窝飘离；
>
> 可这不妨碍情人的热吻如雨点
>
> 落在她比麻风病人更剥蚀的额际……

> 她年方二十，双乳已经低垂，

在两侧如一对葫芦悬挂，

而我却每夜趴在她身上，

如婴孩吮吸她的乳头，咬她。

虽然她经常身无分文，没有香水

摩擦肌肤，没有涂抹肩膀的油膏，

我默默地舔她，怀着虔敬，胜过

热烈的抹大拉亲吻救世主的双脚。

可怜的人，连欢乐时也接不上气，

胸部在沉闷的嗝声中膨胀。

从她短促的呼吸我能猜到

她常以医院的面包为食粮。①

　　这首诗的调子不容我们再有怀疑。当然，它在某
种意义上与波德莱尔晚年那个自豪的声明一脉相承：
"爱过我的人都是一些受蔑视的人，如果我想迎合正
人君子，我还可以说那是些该受蔑视的人。"这是个

　　① 青年时代的诗作，在《青年法兰西》上刊出。转引自欧仁·克
　　雷佩的《波德莱尔》。——原注

傲慢不逊的表白,是对虚伪的读者——他的同类,他的兄弟——的隐蔽的召唤。可是我们不要忘记,他在这里表达一个事实。肯定无疑的,是波德莱尔试图通过罗塞特残花败柳的躯体让自己占有疾病、缺陷和丑陋;他要把所有这一切接过来,承担它们,但不是出于一念慈悲,而是为了用它们来燃烧自己的肉体。这首诗的傲慢不逊表达反省性的反应:耽于肮脏的感官享乐的肉体越受玷污,越被传染,对于波德莱尔本人它越是恶心的对象,诗人就越感到自己是目光和自由,他的灵魂就越能溢出这个病废之躯。梅毒症折磨他终生,把他引向痴呆,最后要了他的性命。说他自己要求染上这个病,也不算过分。

上面的见解能使我们理解波德莱尔有名的"痛苦主义"。天主教批评家杜博、富美、马森在这个问题上搅了许多浑水。他们用成百段引文来证明波德莱尔自己要求最难熬的痛苦;他们引用《祝福》里的两句诗:

祝福你,天主,你赐予的苦闷,
就是治疗我们的污垢的灵药。

可是他们没有想一想，波德莱尔是否真的痛苦。在这件事上，波德莱尔本人的证词变化多端。

一八六一年，他给母亲写信：

> ……我竟想自杀，这很荒谬，是吗？——你会说，莫非你想撇下你的老母亲孤身一人？——天哪？假如说我没有最起码的这么做的权利，我想将近三十年来我遭受的痛苦也能使我得到原谅。

那一年他四十岁。也就是说他让自己的不幸上溯到他十岁的时候，这与他的自传中的一段话大致吻合："一八三〇年后，里昂的中学，打架，向教师和同学们开战，沉重的忧郁。"这便是由他母亲再婚引起的有名的"破裂"，而且他的书信里满是各种各样关于自己健康不佳的怨言。可是应该指出，这些信都是写给奥比克夫人的。可能不应该把这些证词看作完全是由衷之言。至少，比较如下文引用的两个文本足以表明，他可以视通信对象的不同而彻底改变对于自身情况的看法。一八六〇年八月二十一日，他写信给他母亲：

我将一事无成便死去，此前我欠两万法郎的债，现在我欠四万。如果我不幸还要活很久，债务还可能加倍。

我们在这里又看到此生蹉跎、被糟蹋、无可挽回的主题，以及涉及家庭监护会的隐蔽的指责。写下这几行字的人想必感到绝望。殊不知，同在一八六〇年，一个月之后，他写给普莱-马拉西：

当你找到一个人十七岁时就得到自由，酷爱寻欢作乐，始终没有家庭的累赘，带着三万法郎的债务进入文学生活，二十年后只增加一万法郎债务，而且自觉远非迟钝愚蠢，请你把这个人介绍给我，我将在他身上发现与我相同的人，向他致敬。

这一次，调子是满足的，这个自称"自觉远非迟钝愚蠢"的人远不以为他此生将一事无成。至于债务，在八月份那封信里被说成好像是受到某种诅咒，会自动膨胀；从九月份的信里，我们获知由于一种巧妙的节俭，它们的增长被控制在严格的范围内。真相在哪里？显然这两种情况都不符合实际。波德莱尔给母亲写信时夸大了他于一八四三年后欠下的债务数额，相反，他在给普莱-马拉西写信时又缩小数目，此事给人很深的印象。不过我们已经可以理解，他要在奥比克夫人身边扮演受害者的角色。他写给她的信里奇怪地混合忏悔和拐弯抹角的指责。大多数场合，这些信的意思无非是：看你让我沦入何等卑下的境地。在二十年的通信期间，他不厌其烦地诉说相同的怨苦：他母亲的再婚，家庭监护会。他声称，"安塞勒对他是十足的灾星，对他一生中的所有事故要负三分之二的责任"。他埋怨自己受到的教育，他母亲对他的态度从来不是一个女友，他继父使他恐惧。他害怕自己在母亲眼中显得幸福。假如他偶尔发现信的调子快乐了一点，就赶紧补充：

> 你会觉得这封信不如别的信那样愁苦。我不知道勇气来自何处：不过我没有理由对生活感到满意。

总之，他炫耀自己的痛苦显然有双重目的。第一个目的，是发泄他的怨恨，让他母亲产生后悔。第二个目的比较复杂：奥比克夫人代表法官和善。在她面前，他自轻自贱，同时寻求判罪和赦免。可是，这个他用力维持的，如同一道屏障挡在他面前的善，他在尊敬它的同时也仇恨它。他恨它，因为这是对他的自由的制动器，因为他选中它正是为了让它充当制动器。这些规范之所以存在是为了被违背，可同时也是为了在违背它们的那个人的心里引起悔恨。他不下一百次希望挣脱这些规范；可是这个愿望并非完全真诚，因为，假如他挣脱了它们，他同时也就失去了受监护带来的好处。于是，他既然不能正视它们并让它们在他的目光下消失，他就偷偷地从下面使劲，贬损它们，使它们不招人待见却又不缩小它们的绝对价值。他面对善把自身置于怨恨状态。此一过程常见于自我惩罚中。亚历山大引用过一个相似的例子：一个人暗恋他的母亲，为之痛苦，自觉对他父亲有罪。于是他就让被视作等同于父权的社会来惩罚他，以便社会强加给他的不公正的痛苦削弱它对他拥有的权威，同时也就减轻了他的罪过。因为，假如善不那么好，恶也就不那么坏。同样地，波德莱尔抱怨的痛苦好比减轻了他的过错；它们在犯罪和法官之间建立一种相互关系：犯罪者冒犯了法官，可是法官使犯罪者不公正地受苦。痛苦象征性地代表不可能实现的为趋向自由而超越善。它们是波德莱尔对于他选择在其中生活的神权世界拥有的债权。在这个意义上，与其说他的痛苦是切身感受的，倒不如说是装出来的。一个佯装的感情和一个实在的情感之间的区别大概不大。可是这些自欺的痛苦中，总有一种本质上的不足。它们是扰人的幽灵，不是实在；使它们诞生的不是事件，而是内心生活的决定。它们以雾霭为养料，也将永远模糊似雾霭。当波德莱尔于一八四五年突遭刺激，决定自杀时，他猛一下停止怨天尤人：他对安塞勒解释说，是他对自身处境的客观估计，而不是痛苦促使他自杀，而且他承认并未感受到这些痛苦。

何况波德莱尔的痛苦还有另一个方面。他的痛苦确实和他的骄傲融为一体。他考虑写给 J. 雅南的那封不同寻常的信足以证明他原初选择了受苦，比所有人更加受苦。这封信是个草稿，未写成。

> 您是个幸福的人，先生，我可怜您这么容易就得到幸福。一个人必须堕落很深，才能相信自己是幸福的！……啊！您是幸福的，先生。什么！假如您说：我是有德行的，我会理解这句话

的含意：我比别人少受苦。可是不，您是幸福的。那就是说容易满足！我可怜您，而且我认为我的恶劣情绪比您的幸福更高雅。我再进一步，想问您这个世界上的景色是否足够您留恋了。什么！您从未有过出走的念头，即便仅是为了换一个景色！我有很认真的理由可怜不喜爱死亡的人。[①]

这段文字泄露天机。首先它告诉我们，对于波德莱尔，痛苦不是一次撞击之后产生的强烈旋涡，而是一种恒定状态，任何东西都不能增加它或减少它。其次，此一状态对应于某种心理张力；这种张力的强度确立人们在等级体系里占据的不同位置。幸福的人丧失了他的灵魂的张力，他堕落了。波德莱尔永远不能接受幸福，因为幸福是不道德的。故此一个灵魂的不幸远非是对外部风暴的反弹，而是来自它自身：这是它最珍稀的品质。没有比这一点更能表明，波德莱尔选择了感受痛苦。他说过痛苦是"高贵"的。可是，

[①] J. 克雷佩编的《遗作集》第一卷，第二二三至二三三页。——原注

正因为痛苦是高贵的，所以它不适合采取激动的面貌，用喊叫和哭泣来表达，而且这也不符合浪荡公子的冷静态度。当波德莱尔为我们描述他心目中的痛苦的人时，他留意把此人痛苦的原因尽可能推向过去。他在《人工天堂》中介绍的"现代敏感者"是他十分喜欢的人，这种人有"一颗温柔的心，因不幸而疲惫不堪，但是仍旧准备重返青春；假如您愿意，我们甚至可以假定他过去犯有过失……"他在《断想集》中写道：一个漂亮的脑袋里"应包含某种热烈的、忧郁的东西——一些精神需要，一些在暗中压制下去的野心——想到为报复而保持冷漠……最后（为了让我有勇气承认我在审美上感到自己达到多大程度的现代性）还有不幸"。于是便有他"对于老妇人，这些因她们的情人、孩子，也因为她们自身的过错而受尽痛苦的人的不可抵抗的同情"。

当她们受苦时，为什么不趁她们年轻就爱她们呢？那是因为，年轻时她们的痛苦表现为杂乱的呼喊。那时她们的痛苦是庸俗的。时光流逝，忧伤中建立的平衡取代了此类断断续续的爆发。而这正是波德莱尔最为欣赏的。此种情感与其叫作痛苦，不如叫作忧郁，它在波德莱尔眼中显示了好比是对人的状况的觉醒。在这个意义上，痛苦是清醒的情感面貌。"我再进一步，想问您这个世界上的景色是否足够您留恋了。"此一清醒作用于人的处境，为他披露了他的流放境遇。人之所以痛苦，是因为他不满足。

波德莱尔式的痛苦，要表达的正是这种不满足。"现代敏感者"不因这样那样的特殊原因而痛苦，而是一般地，因为这个世界上没有任何东西能满足他的欲望而痛苦。人们曾想在这一点上看出指向上天的召唤。可是我们已经看到，波德莱尔从未有过信仰，除非在因疾病而衰弱的一个时期。不如说此一不满足源自他立即意识到人的超越性。不管处在什么环境，不管为他提供了什么样的快乐，人永远向往彼岸，他超越这个环境和这个快乐而趋向别的目标，最终趋向他自己。只不过，在体现为行为的超越中，人似离弦之箭，一头扎入一项长期性的事功，几乎不留意被他超越的环境。他不蔑视环境，他不声称自己对之不满足：他利用这个环境像利用一个手段，目光始终盯着他追逐的目标。波德莱尔没有行动能力，仅是一阵一阵地投入一些短期性的事功，然后又抛弃它们，陷入

91

麻木迟钝——我简直想说他在自己身上找到凝固的超越。可是这个超越仅是一个原则性的运动：它不以任何目的来界定自己，它迷失在梦想中，或者，假如人们喜欢另一种说法，它把自己当作目的。波德莱尔的不满足，为超越而超越。它是痛苦因为没有任何东西能填满它，能餍足它。

"无论何处！无论何处！只要是在这世界之外。"① 可是他之所以经常失望并非因为他遇到的物件不符合一个现成提供的模式，也不因为它们对他不是得心应手的工具：既然他超越它们却不产生效果，它们之所以使他失望只因为它们存在。它们存在，意思是说它们待在那里是为了人们能越过它们去看别的。因为波德莱尔的痛苦源自他的超越性面对已知项作空转。借助痛苦，他把自己打扮成好像不是属于这个世界的。这是他为报复善而采取的另一种反抗形式。确实，当他断然服从神明的、严父般的、社会性的规则时，在相应的程度上善便把他紧紧抓住、压垮。他躺在善的深处像卧在井底。可是他的超越性为

①《人工天堂：只要是在这世界之外》。——原注

92

他复仇：即便他被压垮，即便他被善的波涛推来推去，人总是别的东西。只不过，假如他把超越性贯彻到底，超越性就会引导他对善本身提出争议，领他投向别的目的，将真正属于他的目的。他拒绝这样做；他刹住了超越性的积极行动；他只愿意体验超越性的消极面貌，即不满足，这对他好像是一个永不枯竭的精神储备。通过痛苦，扣子便扣上了，体系便封闭了。波德莱尔服从善以便能违背它；而假如他违背善，那是为了能更强烈地感受其制约，是为了能以善的名义被定罪，被贴上标签，转化为有罪的物。可是，通过痛苦，他重又逃脱对他的定罪，他又变成精神和自由。此一游戏没有风险：他不怀疑善，他不超越它；他只是对它不满足。他甚至不感到不安，他不考虑在他熟悉的世界之外是否存在另一个世界，那里通行另一些规范。他为了不满足感本身而体验不满足：义务就是义务，唯有这个世界带着它的规范存在着。可是他这个造物在梦想不可能的逃避时，唯有这个世界带着它的规范存在着。可是他这个造物在梦想可能的逃避时，通过他永久的忧郁确立了他的特殊性，他的权利和他的最高价值。不存在解决方案，人们也根本不去寻找它：人们只是陶醉于对自己优于这个无限世界的确信，而人们之所以更优越是因为人们不满意这个世界。所有存在的东西都应该存在，唯有存在的东西才可能存在：这便是令人放心的出发点。人梦想本来不可能存在的东西，不可能实现的东西，矛盾的东西：这便是他的贵族证书。这便是完全否定性的精神性，通过它造物把自己打扮成对于创造的责备并且超越创造。所以波德莱尔把撒旦看作痛苦的美的楷模，并非偶然。撒旦战败，堕落，有罪，被整个自然所摒弃，被逐出世界；对无法补赎的过失的回忆压迫他，未曾满足的野心吞噬他，上帝的目光穿透他，把他凝固在他的魔鬼本质中；他还要被迫直到在其内心深处接受善的至上权威。纵使这样，撒旦还是比上帝本身，比他的主人和战胜者高明。那是由于他的痛苦，由于这个忧郁的不满足的火苗：在他同意被压垮的时候，这丝火苗仍如一个扑不灭的责备闪闪发光。在这个"输家变赢家"的游戏中，是战败者作为战败者赢得胜利。骄傲但被打败，坚信自己在世界上的唯一性，波德莱尔在内心最深处把自己等同于撒旦。可是，人的骄傲从未如贯穿在那个始终被窒息，始终被压制，却响彻波德莱尔作品的那声呼叫中表达得那样深远："我是撒旦！"可是，说到底，撒旦又是什么呢？无非是不听话的、赌气的儿童的象征，他们要求父亲的目光把他们凝固在他们的特殊本质中，他们在善的框架中作恶以便肯定他们的特殊性并使别人确认。

　　这幅"肖像"大概令人失望；迄今为止，我们既未企图解释，甚至没有提到我们想描绘的那个性格的最显著、最有名的特征：憎恶自然、崇拜"冷漠"、追逐时髦以及那种倒着走的生活方式——他面朝后，看着时间像后视镜中看到的公路那样后退。寻求解释这个为他选中的如此特殊的美，这个使他的诗作无法仿效的秘密魅力，恐怕也是徒劳。对于许多人来说，波德莱尔确实仅是——这么想也有道理——《恶之花》的作者而已；他们认为任何不能使我们接近波德莱尔"诗的事实"的研究都是无益的。

　　可是如果说人们首先遇到的是经验性的认识材料，它们却不是最早形成的。它们显示一个处境如何为一个原初选择所改变，它们是这个选择的复杂化。

说透了，所有使这个选择无所适从的矛盾都在每一项材料中共存，不过它们后来在与世上多种多样的物件接触时得到加强，而且大大增加了数量。我们承认，我们描述的这个选择，这个在自为的存在和自在的存在之间的摇摆不定，假如它不通过针对雅娜·杜瓦尔或萨巴吉埃夫人，阿斯利诺或巴尔贝·多尔维利，一头猫，荣誉团或波德莱尔着手写的一首诗的具体、特殊的态度来体现自己，它仍是虚悬在空中的。一经与现实接触，它就变得无限复杂；每个想法，每种情绪，都简直像一团纠缠不清的毒蛇，因为它们各自朝不同的、相反的方向使劲，作出同一个行为的动机可以是相互抵消的。因此，在考察波德莱尔的行为之前，最好先说明他的选择。

他的传记作家和批评家经常强调他对自然的反感。通常人们想在他受到的基督教教育和约瑟夫·德·梅斯特对他的影响中找到此一反感的起源。这些因素的作用不容否定，而且波德莱尔本人在作自我解释时也提到此一作用：

> 大部分关于美的错误认识，产生于十八世纪关于道德的错误观念。那时，自然被当作一切可

能的善和美的源泉和典型。对于这个时代的普遍的盲目来说，否认原罪起了不小的作用。如果我们同意参考一下明显的事实，各时代的经验和《论坛报》，我们就会看到自然不教什么，或者几乎不教什么，也就是说，它强迫人睡眠饮食以及好歹免受敌对环境的危害。它也促使人去杀同类、吃同类，并且监禁之，折磨之……罪恶的滋味，人类动物在娘肚子里就尝到了，它源于自然。道德恰恰相反，是人为的，超自然的，因为在任何时代、任何民族中，都必须有神祇和预言家教给兽化的人以道德，人自己是发现不了的。恶，不劳而成，是自然而然，前定的；而善则总是一种艺术的产物。①

乍一读，这段文字似乎一锤定音；再读一遍，就不那么令人信服了。波德莱尔在这里把恶与自然等同起来。这几行字简直可以算在萨德侯爵名下。可是，若要完全相信这个说法，必须忘了真正的波德莱尔式的恶，他在作品中千百次提出的撒旦的恶，是意志和

————————

① 《浪漫艺术：现代生活的画家(十一)·赞化妆》。——原注

人工蓄意制造的产物。如果说有一种高雅的恶和一种庸俗的恶，叫我们的作者深恶痛绝的是庸俗，而不是罪行。何况问题比较复杂：假如说自然在多个文本中被等同于原罪，波德莱尔书信的许多段落中"自然的"一词却是"合法的"和"正确的"的同义词。挂一漏万，我顺手引一个例子。一八六〇年八月四日他写道：

> 这个想法源自最自然的、最孝顺的意愿。

所以应该作结论说，自然这个概念具有某种两重性。波德莱尔对它的憎恶还没有强烈到他不能引用它来为自己辩护或护卫自己的地步。通过审察，我们将在诗人的态度中发现几个大不相同的意义层次，其中第一层含义在我们引用的《浪漫艺术》里那段文字中得到表达，是文学性的、经过深思熟虑的（梅斯特对波德莱尔的影响主要是个门面：我们的作者认为援用梅斯特乃"高雅"之举），而其中最后一层含义是隐蔽的，它仅能通过我们刚才提到的各种矛盾被预感到。

给波德莱尔思想带来的影响远比阅读《圣彼得堡

之夜》更深刻的，是贯穿整个十九世纪，从圣西门①直到马拉美和于斯曼②的巨大的反自然主义思潮。在圣西门主义者、实证主义者和马克思的联合作用下，一八四八年前后出现了反自然的梦想。反自然这个表达方法来自孔德③；在马克思和恩格斯的通信里用的说法是 antiphysis，理论有别，但是理想相同：指的是建立一种与自然世界的种种谬误、不公正和盲目机制直接对抗的人类秩序。康德在十八世纪末曾设想"目的之城邦"以与严格的决定论相对抗。区别此一秩序与康德的设想的，是一个新的因素的介入：劳动。人不再仅仅借助理性的光明把他的秩序强加给世界，而是通过劳动，特殊地说是通过工业劳动。此一反自然主义的根源更多地不在于一种过时的圣宠学说，而在于十九世纪的工业革命和机械主义的出现。波德莱尔被这股思潮卷走。当然，他对工人缺乏兴趣：可是劳动吸引他，因为劳动好比是一个印在物质

① 圣西门(1760—1825)，法国哲学家、经济学家、空想社会主义者。
② 于斯曼(1848—1907)，法国作家。
③ 孔德(1798—1857)，法国实证主义哲学家。

里的思想。物是客观化的、好比是固体化的思想；此一想法始终诱惑他。这样，他就能在物里面照出自己的形象。可是自然的实在对他毫无意义。它们什么也不说明。他的精神的最直接的反应之一，想必是面对一个单调、模糊、沉默、杂乱的风景，他不由自主感到恶心和厌烦。

　　您要我为您那本小集子写几首诗，几首关于自然的诗，是吗？关于树林、高大的橡树、绿阴、昆虫——必定还有太阳？可是您知道我不能对植物产生柔情，我的灵魂反抗这个古怪的新宗教，我以为，任何有才智的人，对它都会引起某种反感的。我绝不会相信上帝的灵魂住在草木里，即便它住在那里，我对之也兴趣不大，我认为自己的灵魂远比圣化的蔬菜更有价值。[1]

　　植物，圣化的蔬菜：这两个词足以表明他对微不足道的植物世界何等轻蔑。对于生命——恰好是劳动的反面——这个无定形的、固执的偶然性，他好比有一种深刻的直觉，他之所以厌恶生命是因为它在他眼

---

[1]　给 F. 戴诺阿耶的信（1855 年）。——原注

中反映了他自己的意识的无所为而为性，而他不惜一切代价要对自己隐瞒的正是这一无所为而为性。作为大都市的居民，他喜爱服从人的合理化要求的几何形物件；叔那尔说他说过："我不能容忍自由状态的水；我要求水在码头的几何形墙壁之间被囚禁，戴上枷锁。"① 即便对于液体，他也要求劳动给它打上印记。他虽然不能赋予它一种与其本性不相容的固体性，因为他厌恶它的疲软性和散漫的延展性，他要求用墙壁把它围起来，把它塑造成几何形状。我记起一个朋友，正当他的兄弟在水龙头下接一杯水时，他对他说："你不想要一点真正的水？"然后到食品柜里去找水瓶。真正的水，这是被其透明的容器划出界限，好比被重新思考过的水。当下它就失去它那种蓬头散发的模样，以及紧挨着的洗碗池带给它的各种污垢，从而参与一件人的作品的球形的、透明的纯洁性。这不是到处乱闯的水，模糊不清的水，渗出来的、沉积的或涓涓流淌的水，而是聚合在玻璃水瓶底部，被其容器赋予人情味的水。波德莱尔是真正的都

① 叔那尔：《回忆集》。转引自克雷佩的《夏尔·波德莱尔》。——原注

市人：对他来说真正的水，真正的光，真正的热是城市的水、光和热——它们已经是被一个主导思想统一的艺术品。这是因为劳动派给它们一种职能和在人的等级体系中的一个位置。一种自然的实在一旦经过加工，跻入器具的行列，便失去其无从辩解性。器具对于关照它的人具有一种合理的存在；街上的一辆马车、一个橱窗正是以波德莱尔希望的那种方式存在，它们为他提供因其职能而被指定存在的实在的形象，这些实在之所以出现是为了填充一个空缺，正是这个应由它们填充的空缺请求它们出现。假如说人在自然中间产生惧怕，那是因为他感到自己被一个不成形的、无所为而为的、无边无际的存在抓住，整个儿被它的无所为而为性贯穿：在任何地方都没有他的位置，他被撂在大地上，没有目的，没有存在理由，如一株欧石楠或一丛染料木。反之，在城市中间，他受到明确的、由其职能规定其存在的或者统统戴着价值或价格的光圈的物件的包围，他感到放心：这些物件向他投回他希望自己是的那个东西的反光：一种得到辩解的实在。正因为波德莱尔要在梅斯特的世界里做一个物，相应地他梦想在道德的等级体系上带着一种职能和一个价值而存在，如同豪华手提箱或在玻璃水瓶里被驯化的水存在于器具的等级体系中。

可是，他称之为自然的东西，这首先是生命。当他谈到自然时，他提及的始终是植物和动物。维尼的"无动于衷的自然"，这是物理—化学法则的总和；波德莱尔的自然比较委婉：这是一般无孔不入的、微温的、充沛的伟力。他憎恶这种微温、这种充沛。他喜爱珍稀，而自然根据同一个范本能复制几百万份，只能使他大为反感。他也可以说："我喜爱人们永远不可能再次见到的东西。"不过他这是赞美绝对的不生育。他之所以不能容忍生儿育女，是因为生命在父亲与后嗣之间连续，使前者受到牵累，继续在后者身上以一种默默无闻的、屈辱的方式存活。这个生物学的永恒令他无法忍受：珍稀的人把生产他的秘密带进坟墓；他要求自己完全不育，这是他能抬高自己身价的唯一方式。波德莱尔引申推广这类感情，他甚至拒绝精神上的父性：一八六六年，他在写了一组赞扬魏尔兰的文章之后，在给特鲁巴的信里写道："这些年轻人当然不乏才能，可是又有那么多的疯狂念头，那么多的不确切！又是多么夸张！多么缺乏精确性！说句实话，他们叫我怕得要死。我但求做孤家寡人。"①

他赞不绝口的创造与分娩针锋相对。人们不会因此受到牵累：无疑这仍是一种卖淫，但是在这里，原因，无限的和取之不尽的精神，在产生效果之后本身并未受损；至于被创造的物件，它不是活物，它如一块石头或一个永恒真理，不会毁灭也没有生命。而且还不能创造得太多，否则就与自然相近了。波德莱尔经常表示他对雨果那种粗厚气质的反感。他写得少，可这不是出于无能：如果他的诗不是精神的例外行为的结果，他就会觉得它们不那么珍稀。诗作的数量少，如同诗作的完美一样，应该显示诗作的"超自然"性；波德莱尔毕生追求不育性。在他周围的世界里，矿物以其坚硬、不育的形式在他眼里显得可爱。他在《散文小诗》里写道：

> 这座城市位于水边；据说它是用大理石建造的，而且这里的居民如此憎恨植物，乃至把所有的树木都拔掉。这才是配我胃口的风景：一个由光明和矿物组成的风景，还有反映它们的液体。

① 一八六六年三月五日的信。——原注

乔治·布林说得好：他"害怕作为华丽绚烂和生育能力的无尽藏的自然界，便用他想象的世界来取代它：这是一个金属世界，即冷冷的、不生育的光明世界"。

　　这是因为金属，一般地说，矿物，把精神的形象回送给他。由于我们的想象力的限制，所有为了让精神与生命和肉体相对立，结果便为自己的精神塑造了一种非生物学形象的人，都必定求助于无生命的世界：光、冷、透明、不育。如果波德莱尔在"邪恶的怪兽"那里找到他自己的种种已经实现的、已经客观化的邪念一样，最闪亮、最光滑、最难让人抓握的金属，钢，对于他始终是他的一般思想的确切的客观化。如果说他对大海也有柔情，那是因为这是一种流动的金属。大海闪着亮光，既寒冷又不容接近。它作纯粹的、好比是非物质的运动，它的种种形式相互接替，它万变不离其宗，有时呈现透明状：它提供了精神的最佳形象，这就是精神。就这样，由于憎恨生命，波德莱尔被引向在纯粹的物质化中选择非物质性的象征。

　　他尤其厌恶在自己身上感到此一巨大的、软绵绵的繁殖力。然而自然本性待在那里，各种生理需要待在那里，"强迫"他予以满足。只要再读一遍我们在上文引用的那段话，就能看出他憎恶的首先是这种强迫。有一个俄国青年女子每当她想睡觉时，就服用兴奋剂；她不愿听任这种阴险的、不可抗拒的恳求的摆布，从而一下子淹没在睡梦中，成为一个睡着了的动物。波德莱尔也一样：当他感到自然本性，大家共有的自然本性，如洪水泛滥在他体内上升，他的肌肉就收缩、绷紧，他努力让脑袋探出水面。这股汹涌的浊流便是庸俗：每当他在自己身上感到这些与他梦想的微妙安排大不相同的黏糊糊的波涛，波德莱尔便要生气；他尤其生气的是感到这个不可抗拒的、柔媚的力量要迫使他"与大家一样行事"。因为我们身上的自然本性，这是与珍稀和精致相反的东西，这是大家。和大家一样吃饭，和大家一样睡觉，和大家一样做爱：这岂非胡闹！我们每个人都在组成他的各个成分中选择那些他认可属于他自己的成分。他对其他成分不予理睬。波德莱尔选择了让自己不是自然本性，而是对他的"自然性"的永久的，恼怒的拒绝，而是这个探出水面，兼怀轻蔑和恐惧望着水波升高的脑袋。我们在自己身上所做的此一专断的、自由的选择，在大多数情况下便构成所谓的"生活作风"。假如你认同你的肉体而且听凭自己跟着它走，假如你喜欢沉溺在幸福的疲劳、生理需要、汗水和一切使你与其他人相亲相近的事物之中，假如你以人文主义态度对待自然，你的姿态手势就会有一种坦率性和慷慨性，一种不经意的悠然自在。波德莱尔憎恶漫不经心。从早到晚，他没有一秒钟放任自流，他最微小的欲望，最自发的行动，都是掂量过的，经过过滤的，与其说是切身感受的，不如说是装出来的；欲望和运动只有在它们被恰如其分地人工化之后，才获通过。他之所以崇拜应该掩盖过分自然的裸体的化妆和服装，部分原因即在于此。他有些古怪想法有时使他几乎成为笑柄，如把头发涂成绿色，其原因也在此。甚至灵感也不讨他的喜欢。他无疑在某种程度上信任灵感："艺术里有件事没有引起足够的注意，即留给人的意志的份额比人们以为的要小得多。"可是灵感仍是自然。灵感在它愿意的时候自动来临；它与生理需要相似；必须改变它，对它加工。他宣称自己只相信"耐心的劳作，用好的法文说出的真理，以及用词恰当的魔力"。于是灵感变成一种简单的材料，诗人蓄意在这个材料上施展诗歌技巧。在雷翁·克洛岱尔提到的这种寻找恰到好处的词的狂热里，有许多喜剧成分和对人造事物的爱好："从第一行起，我没说错，从第一行起，遇到第一个词，就要推敲！这个词是不是用得很准？它是否严格表达你想传达的意义差别？注意！不要混淆令人愉快和讨人喜欢，和蔼的和迷人的，可爱的和可亲的，诱人的和挑逗人的，优美的和优雅的。喂！这些不同的词不是同义词：它们中每个词都有特殊含义，它们或多或少表达同一序列的理念，但不是完全相同的东西！永远不要，千万不要在应该用一个词的场合换上另一个词……我们作为文学劳工，纯粹的文学劳工，我们应该做到精确，我们应该始终找到那个绝对的表达方法，否则就放下笔杆子，终生一事无成……寻找吧！寻找吧！假如这个适当的词不存在，我们就造一个；可是先得看看它是否存在。先去抓住我们的母语辞典，立即带着狂劲，怀着爱心去翻阅，查找，探询……然后用得上外语词汇。查询一下拉丁—法语或者法语—拉丁语辞典。毫不容情地追捕。在古人那里找不到？再看今人！于是那位固执的、通晓大部分活的语言和死的语言的词源学家，一头扎进英语、德语、意大利语、西班牙语词汇，追捕那个……不肯就范的、逮不住的表达方法，而且最终会创造它，如果它不在我们的语言之中。"①就这样，虽然他并非绝对否认灵感这个诗的事实，我们的诗人也企图用纯技术来代替它。这个懒汉以努力和劳动，而不是以创造性的自发涌现为作家的特性。他对精细的人工的爱好能使我们理解，为什么他宁可花许多时间去修改一首很久以前写成的，离他当时的心情很远的旧诗，而不是去写一首新诗，当他以全新的身心，好像陌生人似的注视一个已完成的、他不再进入其中的作品时，当他体验到纯粹为了安排的乐趣而在这里改一个字，那里动一个词的工人的快乐时，只有在这个时候他才感到自己离自然最远，最无所为而为并且——既然时间已解除了当初自身的激励和环境带给他的强制——是最自由的。在他关心的事物的另一端，在梯子的最底下，是他公开宣扬对他其实一窍不通的烹饪艺术的倒霉爱好，以及他与蹩脚厨师们

① 转引自克雷佩：《夏尔·波德莱尔》。——原注

无休止的争吵。这也可以用他憎恶自然需要来解释。他必须掩盖他的饥饿；他不屑于为满足口腹之欲而吃东西，而是为了用牙齿、舌头和软腭来鉴赏某种诗意的创造。我敢打赌说他喜欢加调味汁的肉甚于烤肉，偏爱罐头而不是新鲜蔬菜。他对自己持续不断的监控能使我们理解，为什么他给人相互矛盾的印象。人们往往认为他柔声细语如教士，这源自他一直对自己的肉体进行监视；可是他狭隘、粗暴、僵硬的作风——这与一位高级教士的和蔼温柔大相径庭——出自同一个原因。无论如何，他总在掩饰本性，弄虚作假：不管他当本性昏昏入睡时就甜言蜜语，取悦讨好，还是当他感到本性在觉醒时就紧张起来，他始终是那个说不的人，那个把可怜的躯体埋在厚厚的衣服底下，把可怜的欲望埋在一整套器械底下的人。我甚至没有把握说，我们不能在这里找到波德莱尔的诸般恶习的根源之一。似乎穿着衣服的女人尤其使他动心。他不能容忍她们一丝不挂。在《情妇肖像》里他自诩"早就抵达第三阶段的关口时期，那时候美色本身已不足以打动人，如果它不是伴随着香水、首饰和其他"。他青年时代写的《芳法罗》里有一段文字像是忏悔，从这段文字来看，似乎他初出道就进入所谓的"关口时期"了：

　　萨缪耳看到他心中的新的女神光着身子向他走来，她神圣的裸体光辉灿烂。

　　哪个男子不愿意甚至用他一半的生命作代价，看到他的梦想，他真正的梦想，一丝不挂在他面前亮相，看到他在想象中崇拜的幽灵一件一件卸下用于抵挡俗眼窥视的所有衣服？可是，萨缪耳却起了一个怪念头，他如一个被宠坏了的孩子喊道："我要哥仑比娜，把哥仑比娜还给我；把她还给我，还她那晚出现在我面前让我发疯时的样子，还她那身离奇的打扮和那件江湖艺人的短上衣！"

　　芳法罗先是吃了一惊，不过还是愿意满足她选中的那个男子的古怪想法，于是就打铃呼唤弗洛尔……侍女出去了；此时克拉默又起了一个新的念头，抓住铃绳，声如雷鸣高喊：

　　——嗨！别忘了胭脂！

假如我们拿这段文字与《手术刀小姐》中那段有

名的文字作比较：

　　"我要他带着手术器械箱，穿着围裙来见我，沾着点血就更好了！——她说这句话时的神气很天真，犹如一个敏感的男子向他爱的一个女演员说：'我想看到你穿着你在扮演那个有名的角色时穿的那身服装'"①，我们就会相信波德莱尔有恋物癖。他本人在《断想集》中也坦白过："很早就喜爱女人。我混淆裘皮的气味和女人的气味。我记得……最后一条，我爱我母亲是因为她服饰优雅……"② 用浸透佐料的卤汁乔装改扮的熟肉，纳入几何形池子中的水，由裘皮或者残留着香味和脚灯的光亮的舞台服装遮盖的女人的裸体，被劳动制约、纠正的灵感：这都是他对自然和对一般人的憎厌的表现方面。我们现在离原罪理论很远了。当波德莱尔出于对裸体的憎厌，对隐约瞥见的、暗中的感官享受和对纯属头脑的微痒感觉的喜爱，要求雅娜穿上衣服做爱时，我们可以确信，他想的不是《圣彼得堡之夜》。

---

　　① 《散文小诗》。——原注
　　② 《断想集》。参见克雷佩编的《笔记》第一一○页关于阿加特的札记。

可是，我们已经指出，自然这个概念在他头脑里具有两重性。当他为自己的主张辩护，想打动别人同情他的意图时，他就把自己的感情说成是最自然的、最合法的。在这里，他的笔泄露了真情。他果真在内心深处把自然等同于罪恶吗？在把自然当作罪行的源泉时，他是真诚的？无疑，自然首先是遵循惯例。可是需要明确，自然是上帝的作品，或者，如果人们喜欢另一种说法，是善的作品。自然是最初的运动，是自发性，是现时，是直接的、不计利害得失的善心，它尤其整个儿是创造，是升向创造者的颂歌。假如波德莱尔是自然的，无疑他将迷失在人群之中，但是他同时会感到心安理得，不费力气就能完成神的命令，他在世界上将如同在自己家里一样悠然自得。因为自然来自上帝，他才憎恨它，寻求摧毁它，如同撒旦寻求破坏创造。通过痛苦、不满足和恶习，他寻求为自己在世界上营造一个与众不同的位置。他妄想得到被诅咒者的和怪物的孤独，"反自然"的孤独，正是因为自然是一切，无所不在。而且他对人造事物的梦想与他的渎神渴望毫无区别。当他把美德等同于人为的构造时，他在撒谎，在对自己撒谎。对于他，在善变成一个已知项，一个包围他，不需他同意便潜入他体内的实在的相应程度上，自然便是具有超越性的善。自然显示善的两重性，我未曾选择善善就存在，在这个意义上它是纯粹的价值。而且与波德莱尔对自然的憎恶相伴的，是他受到自然的深深吸引。在所有既不同意通过对自身的选择而超越一切规范，又不肯完全服从一个外部道德的人身上，都能找到我们这位诗人的双重态度：波德莱尔在善作为一个有待完成的义务而出现时服从善，在它是世界的一个已知属性的意义上又摒弃它、蔑视它。然而，既然波德莱尔不容反悔地选择了义务不选择善，这两种情况本是同一个善。

　　以上看法能使我们理解波德莱尔对冰冷的崇拜。首先，冰冷就是他自己，不生育，无所为而为，纯净。与生命软绵绵的、温暖的黏膜适成对比，每个冰冷的物件都把他自身的形象返还给他。在他身上，围绕着冰冷形成一个情结：冰冷既等同于光滑的金属，也与宝石相同。冰冷的东西，这是平展的寸草不生的大片土地；而且这些平坦的荒漠好像一个金属立方体的表面，一颗宝石的刻面。冰冷与苍白相混同。白色是冰冷的颜色，这不仅因为雪是白的，尤其因为这种无色彩足以显示不生育和童贞。所以月亮成为冷淡的象征；这块孤悬在空中的宝石向我们展示它的白垩质荒原，在冰冷的夜晚把一种白色的光明洒向地球，杀死所有为它照亮的东西。太阳的光明却有滋养性：它是金色的，厚实如面包，它带来温暖。月光可等同于一片纯净的水。通过它的中介，透明——形象化的清醒——遂与冷漠汇合。还要补充说，月亮以其借来的光明及其与照亮它的太阳的永久对抗，充当撒旦一般的波德莱尔的象征也说得通，因为波德莱尔被善照亮却以恶作回报。因此，此一纯净性本身仍有某种不健康的东西。波德莱尔的冰冷是这样一种环境，精子、微生物、任何生命的萌芽，都不能存在其中；它兼是白色的光明和一种透明的液体，与朦胧的意识颇为邻近，微小的动物和固体粒子都在其中消融。它是月光和液化空气，它是冬天在山顶上把我们冻僵的那个巨大的力量。它是吝啬和无动于衷。法布尔·吕斯在《狱中文钞》中说得好：同情心总想给予别人温暖。在这个意义上，波德莱尔的冰冷是无情的：凡是它接触的东西都被冻成冰。

理所当然，波德莱尔在姿态上模仿这个原始力量。他与友人相处时是冷淡的："许多朋友，许多手套"。他用一种过分的、冰冷的礼貌对待朋友。这是因为必须十分有把握地杀死这些暖融融的好感的萌芽，这些企图从他们身上过渡到他身上的活生生的气息。他有意在自己周围设置任何人都不能跨入的无人区，并且他在他的亲友们的眼睛中读出他自己的冷淡。我们不妨想象他是在某个冬夜走进一家客店的旅客：他身上带着外面的全部冰雪。他还看得见，还能思想，但是已感觉不到自己的身体：他麻木了。

出于一种很自然的运动，波德莱尔把他沉溺其中的那种冰冷投向别人。到这里，过程就变复杂了，因为突然被赋予冷冻权力的是别人，现在是别人——这个静观并且作判决的外人意识。月光变成目光。这是美狄莎的目光，凝固一切，把一切化为石头。波德莱尔不会埋怨的：别人的目光的职能难道不是把他变成物？然而，他只赋予女人——而且是某一类型的女人——以这种冷漠。假如冷漠来自男人，他绝不能忍受：这等于承认他们比他优越。可是女人是一种低等动物，一座"茅厕"："她在发情，只想挨操"；她与浪荡子各处一个极端。波德莱尔可以毫无危险地把女人当作崇拜对象；她在任何情况下都不会与他平起平坐。他用来打扮她的权力丝毫不能迷惑他。无疑，女人对于他正如罗瓦耶尔说的那样，属于"活着的超自然"；但是他很明白，正因为她是绝对的另一个，难以识透，她只是他的梦想的一个借口。因此我们在这里处于游戏层面；何况波德莱尔从未遇到性冷淡的女子。假如我们相信《得不到缓解的干渴》，雅娜并非性冷淡；萨巴古埃夫人也不是，他曾责备她"过于快活"。为了实现他的渴望，他必须人为地把她们置于冷淡状态。他将选择去爱玛丽·迪布朗是因为她另有所爱。这样一来，这个热情奔放的女人至少在与他的关系中会冷若冰霜，极端无动于衷。我们看到，他在一八五二年七月写给她的信中，已经提前享受这种无动于衷：

　　　　一个男子说"我爱您"，并且请求——一个女人回答说：爱你？我！绝不！只有一个男子得到我的爱情。跟在他后面的人该着倒霉了；他只能得到我的冷淡和轻蔑！这同一个男子为了延长望着您的眼睛的快乐，就听凭您对他谈论另一个人，只谈论另一个人，只为那个人而动情，只想到那个人。所有这些表白的结果却是产生一个奇怪的事实，即对于我，您不仅是一个引起欲望的女人而已，而是一个因其直率，因其激情，因其青春活力和癫狂痴迷而为人爱的女人。

作了这番解释使我损失很多，既然您的态度如此坚决，我只有立刻服从；可是您，夫人，您却赢得很多。您唤起我的尊敬和深深的器重。愿您永远如此，请您好好保持这个使您美若天人，使您那么幸福的激情。

我恳求您回来，我会使我的欲望变得温柔、谦卑……我不说您将发现我不再怀着爱情……不过您大可放心，对于我，您是崇拜的对象，我不可能玷污您。

这封信很说明问题：首先说明波德莱尔缺乏诚意。他信誓旦旦表达的这个炽烈的爱情没有超过三个月，既然同一年他开始把同样炽烈的匿名情书寄给萨巴吉埃夫人①。其实这无非是一场色情游戏而已。人们对波德莱尔的这两次爱情赞叹不已。可是，只要我们连着读他给玛丽·迪布朗的信和给院长夫人的情书，他反复表示的柏拉图式的崇拜，便呈现其作为一种怪癖的面貌。如果我们参看《某夜，我躺在一个犹太丑女身旁》这首有名的诗，这一点就更加明显了。根据普拉隆的说法，波德莱尔写这首诗的情人是罗赛特，那时候他还不认识玛丽和萨巴吉埃夫人。他在这首诗里已经勾勒出女人的两重性的主题，把自己描写成在热情的魔鬼身边梦想冷漠的天使：

> 在这卖身女的身旁，我不由想起
>
> 我求之不得的美貌多愁女郎……

---

① 在第二种情况里，过程是相同的：首先波德莱尔精心选择一个幸福的、被爱的有夫之妇。对前者和对后者一样，他假装极为敬重他那位正当其位的情人。对前者和后者他都十分崇敬，"如基督徒崇敬上帝"。不过，由于他觉得萨巴吉埃夫人比较轻佻，由于说到底她有可能投入他的怀抱，他就不暴露身份。这样他就能从容不迫地享用他的偶像，暗中爱恋她，从她高傲的冷淡中得到莫大的乐趣。她刚刚委身于他，他便离她而去：她不再引起他的兴趣，他的喜剧演不下去了。雕像活了，冷淡的女人热起来了。甚至他避免占有她，以他的阳痿来弥补院长夫人突然失去的冷淡，也是可信的。——原注

因为我真会狂吻你高贵的肉体……

如果在某个夜晚，哦，冷酷的女王，

只要你能自然而然地流出泪珠，

使你那冷冰冰的眸子暗淡无光。

所以这是波德莱尔的感受性的一种先验的模式，它一直空转，后来才为自己选定具体的对象以便实现。冷淡的女人是审判官在性领域的化身：

每当我做了一件蠢事，我就想，上帝啊！假如她知道了！每当我做了一件好事，我就想：这里有件事情使我更接近她——在精神上。①

她的冷淡显示她的纯洁：她已摆脱了原罪。同时她与他的陌生意识相等同，意味着不受腐蚀、公正和客观。她同时也是目光，这个清澈如水，如融化的雪的目光，不惊讶、不痛苦也不恼怒，但是它把每件东西放回它原来的位置上去，它思考世界和世界中的波德莱尔。此一孜孜以求的冷淡肯定是在模仿母亲抓住正在"做蠢事"的孩子时那种冰冷的严厉。可是我

———

① 一八五七年八月十八日的信。——原注

们已经看到，并非是他对母亲的有乱伦性质的爱促使他去在引起他的欲望的女人那里寻找权威：相反，是他对权威的需要引导他把自己的母亲和玛丽·迪布朗与院长夫人一样，选作审判官和欲望的对象。关于萨巴吉埃夫人，他曾写道：

> 什么东西都比不上她温柔的权威。

他还承认，通过一种奇怪的摇摆运动，他在荒淫无度时老想着她。

> 当红白的晨光携同一种刺人的
> 　理想射进放浪形骸者的内心，
> 依仗神秘的报复之力，便有天使
> 　在昏昏睡去的俗物身上苏醒。

我们看到，这里涉及的是一个作用。他在另一段文字里披露了这个作用的发生机制：

> 与别的女人贪欢能使你的情人更加宝贵。她在感官享受方面失去多少，却在她受到崇拜的程度上赢回来。男人意识到自己需要得到原谅，便变得更加殷勤体贴。

我们在这里找到病理柏拉图主义的一个常见特征：病人从远处崇拜一个可尊敬的女人，在他做最低下的事情的时候呼唤她的形象：当他上厕所，当他洗涤私处时。她在此时显身，用严厉的目光默默望着他。波德莱尔随时养护这个纠缠他的意念；当他躺在一个肮脏、秃发、麻皮的"犹太丑女"身边时，他在自己身上唤起天使的形象。天使的面貌不同，但是不管他选中哪一个女人来承担这个职责，总有某个人望着他——而且想必在他的快感达到顶头的时刻。结果他自己也不清楚，是他召唤这个贞洁、严厉的形象以便增加他与娼妓在一起得到的快乐，还是他与妓女保持短促的关系以便他心中的女人出现，好让他与她发生接触。无论如何，这个巨大的、冷漠的形式，默默不语，纹丝不动，对于他是社会惩罚的色情化。它好比某些雅人借以看到自己寻欢作乐时的形象的那种镜子：它使他能在做爱时看到自己。

　　可是，更为直接的是既然她不爱他，他爱她便是有罪的。假如他对她有欲望，她代表着禁果。假如他发下最庄重的誓言说要尊敬她，那是为了使他的欲望成为更大的罪行。这里再次出现过失和亵渎：女人就在那里，她用波德莱尔喜爱的那种慵懒的、雍容华贵的步态穿过房间，光是这种步态就足以表示冷淡和自由。她不理睬波德莱尔，或者几乎不理睬；假如她偶尔看他一眼，在她眼中他只是随便哪个人；她的目光透过他如阳光透过玻璃。

他坐在远离她的地方，默不作声，感到自己是微不足道的和透明的一个物件。那个美丽的造物以其不带激情的目光安排世界的秩序，可是，就在她用眼睛把他放到世界上属于他的那个位置上去的同一瞬间，他逃走了，他对她有欲念，他一头扎入罪孽之中，他是有罪的，他是不同的。"两个同时的诉求"一下子占据了他的灵魂；他受到善恶这一对不可分离的伴侣的双双入侵。

同时，心爱的女人的冷淡使波德莱尔的欲望精神化，把它们转化成"快感"。我们已经看到他寻求的是何种性质的被精神克制、减轻的快乐。我们说过，这仅是轻拂。他在给玛丽·迪布朗的信中为自己许下的享乐便是这样的。他将在暗中对她怀有欲念，他的欲念将隔着距离整个儿包住她，但是不在她身上留下任何标记，甚至不为她觉察：

您不能阻止我的精神围着您的玉臂，您秀美的双手，围着您的全部生命栖息其中的眼睛，您令人爱慕的整个儿肉身留恋徘徊。

就这样，被爱的对象的冷淡实现了波德莱尔用一切方法谋求的东西：欲望的孤独。这个欲望隔着距离在冷漠的美丽肉体上滑动，它只是眼睛的抚摸，它享用它自身，因为它不受理睬，未被承认。它是严格地不生育的：它在被爱的女人身上不能引起任何慌乱。我们知道普鲁斯特①讲过斯万②的欲望富有感染力，它的表白那么露骨，以致它指向的那个女人片刻间会心慌意乱，浑身出汗。而这正是波德莱尔极为厌恶的：它引起慌乱，它使欲望的对象原先冰凉的裸体逐渐活起来，暖和过来；这种产生结果的、具感染力的暖热的欲望与自然界温暖的丰饶茂盛相亲相近。而波德莱尔的欲望是严格地不生育的，没有结果的。他一开始就是自己欲望的主人，因为"不育的女人的冷

---

① 普鲁斯特（1871—1922），法国作家，意识流小说的创始者，《追忆似水年华》的作者。
② 斯万，《追忆似水年华》的主人公之一，热恋一个名叫奥黛特的女人。

淡的威严"只能引起一种智性的爱情，它更多是被表示的而不是切身体验的。这是一个欲望意图，一个欲望幽灵，而不是一个实在。波德莱尔要享用的，首先便是这个秘密的虚无：因为他不会因此受到任何连累。而且，由于欲望的对象不理不睬，这个在同等程度上既是感受到的也是模仿的、装出来的惑乱情态也就不会促使他进一步行动，波德莱尔仍是独自一人，保持了手淫者的吝啬。再说，假如他必须与这些可望而不可即的美人中的一位做爱——他不希望这样做，因为他喜爱欲望带来的神经刺激甚于欲望的满足——那也得有个专门条件，即自始至终冷若冰霜。他写过："人之所爱，是那种不享受快感的女人。"他厌恶给别人快感；相反，假如雕像依旧是大理石的，性行为就好比被中和了；波德莱尔只是跟他自己发生关系，他仍和一个手淫的儿童一样孤独，他感到的快感没有成为任何外部事件的根源，他什么也没有给予，他与一块冰做爱。院长夫人因为没有保持她的冰冷态度，因为她显露了一个过于敏感的肉体，一个过于慷慨的禀赋，便在一夜之间失去了她的情人。

可是在这里，如同对于"自然的"一样，问题有两重性。与性冷淡的女人性交，诚然是对于善的强行亵渎、玷污，但它仍让善与以前一样纯净、贞洁、未经污染。这是白色的过失，不生育，没有记忆，没有效果，在人们犯下这一过失的同时它就消失在空气中，于是它当下就实现了戒律的永恒性和过失者青春长驻、随时应命的可能性。不过这个爱情的白魔法不排斥黑魔法。我们已看到，波德莱尔由于不能超越善，便用狡诈的手法对善来个釜底抽薪。因此性冷淡的自虐的一面，伴随着他虐的另一面。冷淡的女人是被敬畏的审判官，此外还是受害者。假如性爱对于波德莱尔来说是三个人一起做的事情，假如当他在一名妓女身上满足他的恶习的时候他的偶像会向他显现，这不仅是因为他需要有一个蔑视他的人和一个严厉的证人，这也是因为他要嘲弄他的偶像，在他进入花钱买来的伴侣体内的时候，他触及的是偶像。他欺骗她，玷污她。不妨说波德莱尔由于厌恶对世界直接采取行动，便寻求施加魔法般的影响，也就是说隔开距离，而这无疑是因为魔法般的影响对他牵连较少。性冷淡的女人于是变成正经女人，她的正经甚至有点可笑，她的丈夫以嫖妓宿娼欺骗她。古怪的芳法罗给人的正是这种印象：在这里，冷淡变成笨拙，缺乏经验，而当爱着丈夫的妻子为了留住他，努力去练习她本心厌恶的性爱技巧时，这种冷淡也就带着淫秽的成分了。同样地，"白色"的性行为，在空中，隔着距离，以几乎不玷污对方的方式占有"不享受快感"的女人，有时也会变成简简单单的强奸。与奥比克夫人一样，与玛丽·迪布朗一样，波德莱尔作品所有的女主人都"另有所爱"。这是她们的冷淡的保证，而且这个幸福的情敌具备一切美德。在《芳法罗》中，德·科斯美利先生"高贵、正直"，人们称道他"最漂亮的举动"；他"对所有人都像在发号施令，不可抗拒却又和蔼可亲"。在《醉汉》这部没有写出来的剧本的提纲中，醉汉的妻子爱上"一个年轻人"，相当有钱，从事高尚的职业……正直并且赞赏她的美德。在《芳法罗》中，由此引出奇怪的情节：科斯美利夫人受她丈夫和与他有私情的芳法罗的嘲弄，她接着又受到——而且是根据她的请求——化名为克莱默的波德莱尔本人与同一个芳法罗的嘲弄。这个短篇小说的主题几乎未加掩饰，这是正经女人被人嘲笑而且通过一个美艳的妓女的身体，魔法般地被人强奸。可是在

《醉汉》中，"我们的工人将满心喜悦地抓住他的嫉妒心被高度激发这个借口，以便对自己隐瞒，其实他尤其恨他妻子的是她的忍让、温柔、耐心以及德行"。对善的仇恨在此已昭然若揭。这个仇恨将促使直接强奸；一八五四年的版本（给蒂斯朗的信）中，谋杀以相当荒谬的方式，而且好像是作为掩护，取代了强奸："下面是作案那场戏。请注意，犯罪是预谋的。男子第一个赴约。地点是他选定的。星期天晚上。黑暗的道路或者野地。远处传来小酒店舞场乐队的噪声。巴黎近郊凄惨忧伤的风景。在这个男子和他的妻子之间尽可能凄惨的爱情戏；他要求得到原谅；他要求她允许他活下去，回到她身边。他从未发现她如此美丽……他果真软了心肠……他几乎重又爱上她了；他产生欲望，他哀求她。她的苍白和消瘦使她更加动人，几乎是兴奋剂。观众必须明白问题的症结所在。尽管可怜的女人也觉得旧情重燃，她拒绝在这样一个地方接受这个野蛮的激情。这一拒绝激怒了丈夫，他认为她之所以贞洁是因为她另有炽烈的奸情，或者是情人禁止她与丈夫亲近：'必须结束这种僵局；可是我永远不会有勇气，我不能自己做这件事。'"

我们知道后来的事：他把妻子打发到道路尽头，那里有一口井，"假如她逃脱了，谢天谢地；假如她掉了下去，那是上帝惩罚她"。

我们看到此一幻觉富有象征意义：犯罪是预谋的，罪行确定了波德莱尔即醉汉与他的妻子（他的母亲、玛丽·迪布朗等）的关系的基调。所以后来发生的事情都以罪行为背景，以致醉汉即便心肠软了下来，这种柔情也是一开始就含着毒素的：虐待狂为他的受害者哭泣，本是常见的情况。不过，此外，醉汉——波德莱尔接近冷淡的女人时还要求她原谅。爱情主题因此首先是自虐狂的白色主题。女人的苍白和消瘦使他兴奋（性冷淡和"犹太丑女"的主题）。我们知道波德莱尔觉得消瘦比肥胖"更加淫荡"，这是向虐待狂过渡的时刻。醉汉要强奸这个冷淡，玷污它，在女人身上触及代表道德的那个更幸福的情人（他"禁止"她与丈夫再发生性关系）。同时他要完成（强奸＝杀害）这个躯体已由其消瘦预告的解体过程。他要强迫这个温柔，这个变成淫荡的贞洁。他要当场占有这个女人，就在这个十字路口，就像她是最低贱的妓女（还要指出：让她穿着全身衣服——我们重遇《芳法罗》中的恋物癖主题）。由于她拒绝，他就杀死她。或者更应该说，由于他无力完成直接的行为，他就听凭偶然和魔法代他去摆脱她（性无能和不育的主题：人们自己不行动，而是使别人行动）。罪行掩盖了强奸，因为在两者之间有情感等同性，也因为波德莱尔害怕面对自己；强奸是过于明确的色情行为，罪行却掩饰它的性的内涵。他杀死她是为了进入她体内，玷污她，触及在她身上的善。可是他错过了这个流血的占有行为，她在他身后，在黑暗中死去，他只是用话语准备了这个死亡而已。这个幻觉长期追逐他。这个阴险的罪行不能使他完全满足，既然阿斯利诺说起他曾设想另一种罪行："波德莱尔（对鲁维埃尔）讲到这个角色有一场重头戏：醉汉杀死妻子之后，对她又旧情复萌，产生奸污她的欲望；这个场面太残酷，鲁维埃尔的情妇尖叫起来表示抗议。波德莱尔说：'唉！夫人，换了谁都会这样做的。不这样做的人是怪人。'"①

这件轶事可能发生在他写信给蒂斯朗之前。波德

~~~~~~~~~~

① 阿斯利诺：《轶闻集》(首次由 E. 克雷佩全文发表)中的《夏尔·波德莱尔》。——原注

莱尔由于害怕戏剧审查，无疑也是为了能把这个情节搬上舞台，就把欲望产生的时间提前了，使妻子当时还活着。这事情是可信的，因为他在别处设想了另一种结局：间接谋杀，然而为了使奸尸的诱惑有一个意义，尸体的存在是必需的。所以，最初的安排是醉汉掐死或用匕首捅死他的妻子，然后奸污她。性冷淡的女子的无动于衷，不育和不容接近的冷漠在这里获得它们的极端意义，得到完全实现：冷淡的女子走向极端便是尸体。面对尸体，性欲既是最罪恶的，也是最孤独的；何况，对于死亡的肉体的恶心感将以一种深沉的虚无进入这个欲望的内部，使它变得更加坚决，更加人工化，而且不妨说使它"冷却"。就这样，原本是因寒冷而致不育的性冷淡，终于找到它最适宜的气候，即死亡；而且它的具象表现随着波德莱尔本人在自虐狂和他虐狂之间犹豫，也在冰冷的、不可腐蚀的月光般的金属到正在失去其动物的热力的尸体之间来回摇摆。生命缺席或者毁灭生命：波德莱尔的精神处在这两个极限之间。

作了上述观察以后，剩下来关于波德莱尔有名的"浪荡作风"需要说的话就不多了：读者自能确立它与反自然主义、人工主义与性冷淡之间的联系。然而还是要提醒注意几点。首先是波德莱尔自己指出，浪荡作风是一种要求努力的道德观念：

> 对于既是教士又是祭品的那些人来说，他们所服从的所有那些复杂的物质条件，从白天黑夜每时每刻都无可指摘的衣着到最惊险的体育运动技巧，都不过是一种强化意志制服灵魂锻炼而已。①

而且关于这个题目他自己说出斯多噶主义这个词。他首先把这些细致的、吹毛求疵的戒律强加给自己，以便制约他那个深不可测的自由。通过一些不断更新的义务，他为自己掩盖他的深渊：他首先是由于害怕自己才成为浪荡子：这是犬儒学派和画廊学派的askèsis(禁欲)。需要指出，浪荡作风因其无所为而为性，因其自由地提出价值和义务，类似于选择一种道德。似乎波德莱尔在这个层面上满足了他有生之初就在自己身上发现的那个超越性。可是这是一种作了弊的满足。浪荡作风仅是对无条件价值的绝对选择的减

----

① 《浪漫派艺术：现代生活的画家(九)·浪荡子》。——原注

弱了的形象。事实上它位于传统的善的范围之内。它无疑是无所为而为的，但它也是完全无害的。它要求自己是无用的，而且无疑它不效力；可是它也不造成损害；而且执政的阶级总是更喜爱一个浪荡子而不是一个革命者，如同路易-菲利浦①的资产阶级乐于容忍为艺术而艺术者的过激言行，而不是雨果、乔治·桑和彼埃尔·勒鲁②的介入文学。浪荡作风是一种儿戏，成人以宽容的心情看待它；这是波德莱尔在社会强加给他的义务之外给自己追加的义务。他谈到它时带着夸张、傲慢，不过也带着一丝窃笑。他不希望人家完全认真对待他。

不过，在更深的层次上，这些严格却又虚妄的规则代表着他关于努力和建设的理想。波德莱尔的高贵和他的人性的伟大，大部分来自他对放任自流的憎恶。意志薄弱、放弃努力和精神放松对他都是不可原谅的错误。必须给自己套上笼头，好生控制自己，集

---

① 路易-菲利浦（1773—1850），一八三〇至一八四八年为法国国王。

② 彼埃尔·勒鲁（1797—1871），法国哲学家、政论家、政治家。

中精力。他在埃默森①之后指出，"英雄是一贯精神集中的人"。他赞赏德拉克洛瓦②的是"精确和一种不炫耀的张力，这是全部精神力量向一个既定点集中的习惯结果"。我们现在对波德莱尔已有足够了解，不难明白这些格言的意义了：在一个决定主义的时代，他一生下来就直觉到精神生活不是给予的，而是自己造成的；他反省的清醒，使他能提出占有自身的理想：在善中和在恶中一样，人处于紧张的极点时才真正是他自己。这里说的始终是为了连同他的"差异性"一起找回自己的努力。挺住，套上笼头，这就能使人们想占有的那个自我在手指底下，在缰绳底下诞生。从这个角度来看，浪荡作风是波德莱尔永远流产的那桩事功的一段插曲：那喀索斯企图在自己的眼睛里照出自己并且抓住自己的映像。清醒和浪荡作风无非是"刽子手—牺牲者"这一对伴侣采取的不同形式，刽子手突然企图与他的牺牲者截然分开，然后在后者惊慌的面容里找到他自己。化身为二的努力

---

① 埃默森(1803—1882)，美国作家、诗人、哲学家。
② 德拉克洛瓦(1798—1863)，法国浪漫派画家。

在这里取得它最明晰的形式：使自己成为物件，把自己装饰、打扮得像一座神龛，以便能抓住这个物件，久久地瞻望它，与它融成一体。波德莱尔之所以永远呈现紧张状态，原因在此；他既不知放任自流，也不知自发而动，没有任何东西比他的忧郁离开灵魂的朦胧状态更远了；相反，应该在他的忧郁中看到一种阳刚的不满足感，一种艰巨的、坚毅的超越努力。布林写得很对："波德莱尔的功绩在于他剥离了不安感的各种因循的表达方式，从而赋予它一种更准确的回响……他的新颖之处在于把渴望说成是'精神力量的一种张力'，而不是一种消解……最终使波德莱尔不同于浪漫派的，是……他把不安感变成征服原则。"① 因此在他身上，心理变化过程只能是一个不间断的施加于自身的劳作。限制自己，强迫自己，以便能够始终位于最高度的可塑状态：因为在他那里可塑性不是如纪德那样把自己托付给眼前的瞬间，而是一种战斗立场。不过这些内心活动不能以完成一项有

---

① 布林：《波德莱尔》，第八十至八十二页。——原注

益的事功为目的；它们必须是无所为而为的；它们也不应导致对神权道德提出质问；所以它们必须局限于浪荡作风的纯粹无所为而为性。

此外，浪荡作风是一种仪式，波德莱尔少不了强调这一点。他说这是自我崇拜，而且自命为此一崇拜的"教士和祭品"。可是就在同时，带着明显的矛盾，他声称通过浪荡作风能跻身一个极为封闭的贵族阶层之中，这种贵族"难以消灭，因为他们这一种类将建立在最珍贵、最难以摧毁的能力之上，建立在劳动和金钱所不能给予的天赋之上"。浪荡作风变成法律之外的"一种体制，它有自己严格的法规，为它的一切臣民所服从"。

我们不应受这一体制的集体性的蒙蔽。因为，假如说一方面波德莱尔把这个体制说成是源自一个种姓，另一方面他又屡次提到浪荡子是一个脱离了他原本所属的阶级的人。事实上波德莱尔的浪荡作风是对于作家的社会地位问题的一种个人反映。十八世纪存在一个血统贵族阶级，一切都很简单：职业作家不论其出身，不管他是私生子、刀叉匠的儿子还是戴圆帽的法院院长①，都越过资产阶级，与这个贵族阶级直接发生关系。不管他领取贵族的津贴还是被贵族下令殴打②，他总是直接依附贵族，并从他们那里取得收入和他的社会尊严；他被"贵族化"了；贵族分给他一杯羹；他分享他们的悠闲，而他想达到的光荣不过是世袭头衔赋予皇室的那种不朽的一道折光而已。贵族阶级崩溃时，作家便因他的保护者们的垮台而吓昏了头；他必须为自己的存在寻找新的理由。他与贵族和教士组成的神圣种姓的联系确实使他脱离自身的阶级，就是说他被从派生他的资产阶级夺走，他的出身已被洗刷干净，他由贵族养活，却不能厕身贵族之中。他为了工作和物质生活依附一个不纳他的高级社会，这个本身无所事事的、寄生的社会，拿与完成的作品没有可把握关系的、任意的馈赠作为对他的劳动的报酬。同时作家又因其家庭，因其友人和其日常生活方式深入在已失去给他的存在找到理由的权力的资

<hr>

① 私生子指达朗贝尔（1717—1783），刀叉匠的儿子指狄德罗（1713—1784），戴圆帽的法院院长指孟德斯鸠（1689—1755）。三者都是启蒙主义作家。
② 伏尔泰（1694—1788），曾被贵族下令殴打。

产阶级内部。所以他意识到自己是个别的，悬在空中，没有根蒂，是被猛鹰的利爪带走的该尼墨得斯[①]；他总觉得自己优于他出身的环境。可是，大革命之后资产阶级掌权了。合乎逻辑地，该由它来赋予作家新的尊严了。然而此举只有在作家同意回到资产阶级那里去时才有可能。可是这绝对办不到：首先，两百年的王恩浩荡，教会他蔑视资产阶级；尤其是，作为一个寄生阶级的寄生者，他已习惯于把自己看作一名神职人员，以培育纯思想和纯艺术为业。假如他回到他的阶级里去，他的职能就会彻底改变：如果说资产阶级是一个压迫阶级，它却确实不是寄生的；它剥夺工人，但与工人一起劳动；在资产阶级社会内部创造一件艺术品变成提供服务；诗人应该与工程师或律师一样，把他的才能奉献给他的阶级；他应该帮助它意识到自身，并且努力发展使它能压迫无产阶级的种种神话。作为交换，资产阶级将确认他的地位。但是他在交换中有所失：他放弃他的独立，舍弃他的优越性。他诚然是一个精英集团的一员，但是另有医生

①　该尼墨得斯，传说中的特洛亚王子。天神宙斯慕其美貌，化为猛鹰，把他带到奥林比斯山上。

的精英集团，公证人的精英集团。阶级内部的地位高低是根据社会效益排定的；艺术家行会占据次要位置，比大学略高一点。

这一点正是大部分作家不能接受的。出了一个爱弥尔·奥吉埃①规规矩矩履行合同，可是相反又有多少不满者，多少反抗者。怎么办？当然，任何人都不会想到去要求无产阶级给他们的存在找到理由——这样就会完成一种同样真实的，却是反方向的脱离原阶级的举动。任何人都没有勇气要求伟大的自由的孤独和在焦虑中选择自己，这两者将是洛特雷阿蒙②、兰波③和梵高④的遭遇和命运。有几个人，如龚古尔兄弟⑤或梅里美，将去寻求一个由暴发户组成的贵族阶级的恩惠，企图在拿破仑贵族的身边扮演他们的前辈在路易十五的朝臣身边扮演过的角色，但也得不到实

---

① 爱弥尔·奥吉埃(1820—1889)，法国剧作家。
② 洛特雷阿蒙(1846—1870)，法国作家，《玛洛多尔之歌》的作者。
③ 兰波(1854—1891)，法国象征派诗人。
④ 梵高(1853—1890)，荷兰画家。
⑤ 龚古尔兄弟(Edmond de Goncourt, 1822—1896；Jules de Goncourt, 1830—1870)，法国作家、历史学家。

在的满足。不过他们中的绝大多数将企图完成一个象征性的脱离原阶级的举动。例如福楼拜①，他在过着富裕的外省资产者生活的同时，先验地确定他逃脱了资产阶级；他实现了与自己的阶级的想象决裂，这个决裂好比十八世纪，资产阶级作家被引进朗培尔侯爵夫人②的沙龙，或与舒瓦瑟尔公爵③交朋友时完成的那种实在的决裂的削弱了的形象。这个决裂将由一些象征性的姿态片刻不停地表演出来：服装、饮食、习尚、语言乃至趣味应该必定模仿一种割离，若不是始终警惕不懈，这种割离就可能不会有人注意。在这个意义上，波德莱尔对差异性的崇拜也能在福楼拜或者戈蒂耶④那里找到。可是象征性的脱离原阶级——它可能引向自由或疯狂——应该与同属想象性的纳入一个社会相伴，这个社会好比是消失的贵族阶级的余绪。这就是说，艺术家将进入其中的那个集体应该重现从前给他确认的那个寄生阶级的面貌，并且应该自

①　福楼拜(1821—1880)，法国作家，《包法利夫人》的作者。
②　朗培尔侯爵夫人(1647—1733)法国作家，沙龙组织者。
③　舒瓦瑟尔公爵(1719—1785)，法国政治家。
④　戈蒂耶(1811—1872)，法国作家，提倡"为艺术而艺术"。

外于生产—消费的循环之外，坚决地把自己置于非生产性活动领域。福楼拜选择了越过时代，把手伸给塞万提斯①、拉伯雷②和维吉尔③；他知道百年以后，千年以后，别的作家也会向他伸过手来；他天真地把他们想象成和《堂吉诃德》的作者，君主政体的西班牙的寄生者一样，和《卡冈都亚》的作者，教会的寄生者一样；他没有想到，在未来的世纪里，作家的作用本身也会发生变化。怀着他在作声明时也离不开的那种天真的乐观主义，他铸造了一个共济会，确信它随着第一个人的出生而开始，直到最后一个人死去才结束。这个隐蔽的社会的大部分成员不是死人就是有待出生的孩子，它使艺术家极为满意。首先它是根据涂尔干④称之为"机械连带性"的类型建立的：确实，活着的艺术家在他生命的每一瞬间肩负着、概括了全体同行，如同贵族到处带着，也在众人的眼中代表着他的家族和他的祖先。可是，在贵族那里，荣誉

① 塞万提斯（1574—1616），西班牙作家，《堂吉诃德》的作者。
② 拉伯雷（1494—1553），法国作家，《卡冈都亚》的作者。
③ 维吉尔（约公元前70—前19），拉丁诗人。
④ 涂尔干（1858—1917），法国社会学家。

是一个有机的联系纽带：贵族对于先人和未来的后代
负有各种各样的明确的义务，因为他们都通过他而存
在，他要照管他们，他可以使他们黯然失色或者增光
生辉。反之，维吉尔丝毫不需要福楼拜，他的光荣用
不着任何别人的帮衬。在作家选择的想象社会里，每
个成员与所有其他成员为邻，但是大家并不投入一个
共同的行动。干脆这么说：他们一个挨着一个，好比
公墓里的死者；而且这么说也不奇怪，既然他们都已
经死了。然而这个不承担义务的团体却给了福楼拜丰
厚的馈赠：它把文学活动抬高到社会职能的地位上。
确实，这些伟大的死者中的大部分人都在孤独、不安
和惊讶中度过一生，他们做不到把自己完全作为作家
或艺术家来思考自己，和任何人一样，他们死的时候
并不知道后人会对他们如何评价。因为他们过去了，
因为他们的一生显示为一种命运，人们就从外部赋予
他们以诗人的头衔，他们在世时觊觎这个头衔但没有
把握是否已经获得。而且人们不是把这个头衔看作他
们的努力的目的，而是相反看作一个 vis a tergo（先天
力量），一种性格。他们不是为了当作家，而是因为
他们已是作家才写作的。一旦人们把自己与他们等同

起来，一旦人们在想象中与他们来往，人们就确信自己也具有这种性格了：于是，例如福楼拜的事务对他来说就不是一个无所为而为的危险的选择的结果，而是他的本性的体现。然而，除此以外，由于我们遇到的是一个选定者的团体，一个僧侣协会，这个作家本性也就显示为行使一个神职。福楼拜在纸上写下的每一个词，都好像是圣徒们同领圣体仪式的一个瞬间。通过他，维吉尔、拉伯雷、塞万提斯开始复活，借助他的笔尖继续写作；就这样，通过拥有这个奇怪的品质——它既是命定又是神职，既是本性又是神圣的功能——福楼拜被从资产阶级那里夺走，进入一个奉他为神圣的寄生阶级。他为自己掩盖了他的无所为而为性，他的选择的无从辩解的自由；他用一个精神团体取代倒台的贵族阶级，他保住了他作为神职人员的使命。

毋庸置疑，波德莱尔也选择了进入这个团体。他在文章中不下百次、千次，谈到"诗人"和"艺术家"，他利用过去的作家来为自己辩解，来获得确认。他甚至走得更远，既然他和一个死人，爱伦·坡①，结下友情。他与爱伦·坡的长期联系的深层目的，是使他自己加入这个神秘的修会。有人说这个美国诗人的一生与他的一生出奇地相似，他因此受到吸引。此话不假。可是只因为坡已经死了，双方命运的相同对他才有意义。假如《尤里卡》的作者还活着，他不过是与他一样的一具皮囊；怎么能使两个同样得不到辩解的无所为而为者相互依靠呢？相反，死了以后，他的形象就完成了、明确了，诗人和殉难者的称号自然适用于他，他的一生是一个命运，他的种种不幸好像是一种命定安排的结果。于是种种相似之处就显示它们的全部价值：它们使坡成为好比是波德莱尔前生的形象，好比是给被诅咒的基督施洗的约翰-巴蒂斯塔②。波德莱尔俯身察看往昔年代，这个遥远的、受人厌恶的美洲，他突然在过去的灰色水流中发现自己的倒影。即他就是那个人。他的生存一下子就得到确认了。在这一点上他与福楼拜不同，他不需要

①　爱伦·坡(1809—1849)，美国作家，《尤里卡》的作者。
②　约翰-巴蒂斯塔(约死于公元 28 年)，犹太先知。《福音书》承认他是基督教的先驱。

艺术家团体的全体成员（虽然他的诗《灯塔》好像是他的精神社会成员的名录）。作为激烈的个人主义者，他在那里面还要选择；被选中的人就成为全体精英的代表。试读《断想集》中那段有名的祈祷文，便能证明波德莱尔与坡的关系也具有圣徒共领圣餐的性质：

> 每天早晨祈祷上帝，一切力量和一切正义的渊源；也为中介人，我的父亲、玛丽耶特和坡祈祷。

这说明，在波德莱尔神秘的灵魂里，艺术家的世俗团体具有深刻的宗教价值；它变成一个教会。波德莱尔惋惜的，并且企图重建的寄生性，是一种教会贵族的寄生性。这个贵族阶级的每个成员在另一个成员身上（或者，根据波德莱尔的情绪转换，在所有其他成员身上），找到他自己的被神圣化的形象和一个守护天使。

可是这个精神团体不能完全满足我们的作者。首先，出于为他的原初选择所固有的矛盾，他刚得到他觊觎的那个称号，便对之不满足了。他同时既是又不是诗人；假如说他看到自己孤单、贫困，压在他自己的选择带来的无边巨大的责任底下，很快就渴望回到一个僧侣修会里去，但是他刚为他自己建造的修道院所接纳，他就想逃出来，他拒绝在修道院里只不过充当与其他修士相同的一个修士。他觉得艺术家的活动在某种意义上还不够无所为而为。画家和艺术家观看和描绘的激情，对他来说还不脱平民习气。他那篇研究康斯当·居伊的文章中有一段话明显表达了这个看法。

> 我跟你说过，我讨厌把他叫作一个纯艺术家，而且他自己也以一种带着贵族式的羞耻心理和谦逊态度拒绝此一头衔。我乐意称他为**浪荡子**，而且有几个充分的理由这样做。因为浪荡子这个词意味一种性格的精华和对于这个世界的全部道德机制的妙悟；可是，另一方面，浪荡子渴望达到无动于衷的境界，居伊先生因其被一种不知满足的激情，即观看和感受的激情所控制，也就强烈地背离了浪荡作风。

谁会读出字里行间的含义，自能明白浪荡作风代表一种比诗更高的理想。它是按照福楼拜、戈蒂耶和为艺术而艺术的理论家们构造的艺术家社团的模式设计的二度社团。它向这个模式借用了无所为而为性、机械连带性和寄生性等理念。但是它抬高了加入这个协会的条件。艺术家的主要特征被夸大，被推向极致。从事艺术家的职业也被认为太近功利，于是当艺术家就变成纯粹的打扮仪式，美的崇拜本可以产生稳定、持久的作品，现在变成对优雅服饰的喜爱，因为优雅是转瞬即逝的、不育的、要灭亡的；画家或诗人的创造行为被抽去其本质后，便成为纪德主张的那种严格无所为而为的，甚至荒谬的行为，审美的发明变成故弄玄虚；创造的激情凝固成无动于衷。这个对死亡和颓废的偏爱在波德莱尔那里伴随着个性崇拜，他由此预告巴雷斯①的出现——这个偏爱促使他拒绝福楼拜要求的东西：他不想要一个与人类同寿的社团。为了使这个社团具有珍稀性，在人类内部它必须注定要消亡。所以浪荡作风将是"英雄主义在颓废之中的最后一次闪光……一轮落日"。简言之，波德莱尔越过艺术家的贵族式的但具世俗性的社团，建立一个

① 巴雷斯(1862—1923)，法国作家、政治家，提倡自我崇拜。

代表纯精神性的修会；而且他自称同时属于这两个团体，后一个团体仅是前一个团体的精华而已。于是通过想象，这个惧怕孤独的孤独者在大部分人已死去的孤立者之间产生神奇的参与关系，从而解决了社会联系问题；他创造了寄生者群中的寄生者；浪荡子是诗人的寄生者，诗人自己又是一个压迫阶级的寄生者：越过还在努力创造的艺术家，他提出一个绝对不育的社会理想，在那个理想社会里自我崇拜等同于自我取消。所以克雷佩说得很对："自杀是浪荡作风的最高圣事。"还可以进一步说，浪荡作风是个"自杀俱乐部"，它的每个成员的一生无非是操练一种永久的自杀。

波德莱尔在多大程度上实现了这个灵魂张力？在多大程度上他只是想象而已？这一点很难确定。倒不是应该怀疑他为了衣着优雅，一丝不苟，为了"在白天和黑夜的任何时刻，都打扮得无懈可击"而作的恒久努力。何况沐浴使人纯洁、冷下来、焕发青春，对他来说应该具有很深厚的象征价值；洗干净的人如矿物在阳光下闪亮；在他身上流淌的水会消灭对过去错误的回忆，杀死粘在皮肤上的寄生物。可是我更愿想到他对自己的努力做了某种微妙的、永久的篡改。浪荡子不管是运动员还是武士，其穿着打扮原则上应有阳刚之气，体现一种贵族式的简朴："打扮的极致（在浪荡子眼中）在于绝对简单。"①

不过，他那染色的头发，修得像女人的指甲，玫瑰色的手套，长长的发卷——所有这些被布罗梅勒或者奥尔赛那样真正的浪荡子视作恶俗趣味的东西——又是什么意思呢？在波德莱尔那里，有一种不知不觉的从浪荡子的阳刚气质向一种女性的娇媚，向女性对首饰的爱好的过渡。请看他的这幅传世快照，它比一幅肖像还要真实，还要生动："波德莱尔迈着缓慢的脚步，以一种略带摇摆，稍微女性化的姿态穿过拿穆尔门的土台；他留心避开粪堆，假如下雨，他就踮起漆皮浅口鞋尖跳跃前进，他喜欢观看在鞋面上映出自己的身影。胡子刮得干干净净，头发卷成螺旋状掠向脑后，衬衣洁白的软领超出宽袖长外套的领子，那样子既像教士，又像演员②。"

----

① 《浪漫派艺术》：同书。——原注
② 卡米叶·勒莫尼埃。转引自克雷佩同书第一六〇页。——原注

我们从中看到的，更多是同性恋者而不是浪荡子。这是因为浪荡作风也是针对其他人的防卫。与他熟悉的几个被选定者在一起，波德莱尔可以玩善与恶的邪恶游戏。他知道自己可以在何种程度上接受他们的审判，与他们的蔑视打情卖俏，又怎样可以在任何时刻，只消翅膀一扇，便逃脱他们，越过他留在他们手里的形象，又变成一个逃脱任何审判的自由。这是因为他学会了他们的原则和他们的习惯。他可以恨他们或者怕他们：不管怎么样，和他们在一起他感到自在。可是其他人，默默无闻的其他人，他们又是谁？他跟他们一点也不熟悉。他们是潜在的审判官，但是他不知道他们的审判参照什么法则。"人脸的暴政"将不那么可怕，假如在每一张脸上没有长着窥视的眼睛。到处都有眼睛，而在眼睛后面，是意识。所有这些意识都看到他，在沉默中抓住他，消化他；也就是说他在其他人的心灵深处被归类，被包装，挂着一个他不知道的标签。这个从一边走过，在他身上留下冷漠的一瞥的男子，可能不知道他那个有名的"差异性"，可能他只把他看作一个与其他资产者一样的资产者。既然这个差异性应该得到别人的确认以后才能客观地存在，冷漠的闲步者以其简单一瞥便为毁灭他出了一把力。相反，另一个人把他看作怪物，可是怎样才能预防自己不被人作出这个审判呢？假如你不知道这个审判的动机，你又怎样能断定自己逃脱了它呢？那是真正的卖淫：你属于所有人。有条民谚承认狗有瞪眼看主教的权利，它产生可怕的后果，因为恰好对狗来说，不存在主教。他写道："在一场演出里，在舞会上，每个人享用所有的人。"就这样，最不起眼的顽童可以享用波德莱尔。在众人的目光下他是赤裸裸的，无力自卫的。所以，出于我们现已熟悉的波德莱尔的各种矛盾之一，波德莱尔这个喜欢人群的人，也是最怕人群的人。确实，一大群人聚在一起的景象给予他的乐趣仅是观看的愉快。可是每个人都可以亲身体验到，那个正在观看的人忘了他自己可以被人观看。波德莱尔在这个问题上说到的自我消隐与泛神论的消融毫无关系：他并没有消失在人群中。可是，他观察别人时不以为自己也被人观察，面对这个运动的，五光十色的客体，他就变成一个纯观望性的自由。对于闲人，街景的令人愉快在于匆忙的行人各想各的心事，全副精神对付各自的事务，丝毫不去注意他。不过，只要有一个行人突然抬起头来，就轮到观察者被人观察，猎人变成猎物。对于他，走进一家咖啡馆、一个公共场所是受一次酷刑，因为在这种情况下，众人的目光聚集在进来的那个人身上，后者因光线刺眼，还不习惯这个地点，不可能用回看那些看他的人来自卫。波德莱尔有到任何地方都要人陪伴的怪癖。这不仅因为如阿斯利诺以为的那样，是出于"诗人和剧作家总需要有公众的怪癖"，而是主要为了让熟人的眼睛吸收自己，让一个无害的意识庇护他不受陌生意识的侵袭。简言之，他极为羞怯；我们知道他作为讲演者遇到的灾难：他念稿子时结结巴巴，他加快速度，结果谁也听不懂他说什么，他眼睛不离底稿，好像痛苦到极点。他的浪荡作风是用来保护他的羞怯的。他的洁癖，他的衣着整洁是他永远保持警惕的结果，表示他从不愿意被人抓住把柄：他要在众人的目光下一丝不苟。这个形体上的无懈可击，象征着道德上的无懈可击：如同自虐者只在指令下才配合别人对他的凌辱，波德莱尔不愿未经他事先同意就被审判，也就是说他预作安排，以便随时逃脱对他的审判。可是，通过一个反方向的运动，他为人瞩目的古怪服装和发型是对他的唯一性的果断的肯定，他要引人惊异，以使观察者张皇失措。他的穿着的挑衅性几乎已是一个行为；这个挑战几乎是一道对抗的目光：打量他的那个发笑的人感到自己为这身奇装异服所预料，所瞄准；假如他感到气愤，那是因为他在衣料的褶纹上发现一个面向他，冲着他高喊的尖锐的想法："我早知道你会笑的。"他既然愤怒，便已少了一点"观察者"的气度，多了一点"被观察者"的成分。至少他正是以人家要求他的那种方式感到惊奇；他掉进一个圈套；这个不可预见的自由意识本可以搜索到波德莱尔的内心，发现他的秘密，针对他形成最刺激的想法，现在它却好像被人牵着手引导，被人家用一件衣服的颜色，一条裤子的剪裁逗乐了。与此同时，真正的波德莱尔的没有防卫的肉体得到庇护。我们这位作者的谎话癖也完全源自同一态度：它画出一个奇怪的、耸人听闻的波德莱尔的面貌，所有这些饶舌的证人将不遗余力攻击他。说他是同性恋者、告密者、吃儿童者等，无奇不有。可是，只要这些流言蜚语撕碎那个杜撰的人物，作者本人就安然无恙。我们在这里看到自我惩罚的两面性，因为波德莱尔是怀着深重的犯罪感而当浪荡子的。首先，他让别人根据被篡改的材料来给他定罪，就给了自己蔑视他的审判官们，然后对他们凿凿有据的判决提出争议的权利。不过此外，他因其怪诞行径，因其自己摊给自己的罪行而受到的责难，是一个虽系虚构却触及他整个儿人的惩罚。他甚至享用这个惩罚的非真实性；它代表他对惩罚的喜爱的象征性的、无危险的满足，它有助于减轻他的过失感。波德莱尔与他的亲友相处时自承的过失都是真的，因为他知道可以免受责备；与他不知其将如何反应的陌生人在一起时，他加在自己头上的过失都是假的，他逃脱谴责，因为他知道自己并没有犯下人们责备他的行为。他的衣着对于视觉所起的作用，等于他的谎言对于耳朵：一个大吹大擂的，把他包起来、掩盖起来的罪行。同时他俯身观看他刚才在别人的意识里画出的形象，这个形象令他眩惑。这个邪恶的、怪诞的浪荡子，这毕竟就是他。他在其他人的眼睛里看到自己，读到自己，他在非真实中享用这幅想象的肖像。因此药剂比病更坏：波德莱尔害怕被人看到，便使自己强行闯入众人的目光。人们奇怪他有时像个女人，就去在他身上寻找他从未外露的同性恋的迹象。可是应该想到，所谓"女人特性"来自状况，而不是性别，女人——资产阶级的女人——以深深依附他人的看法为其主要特征。她无所事事，受人供养，通过取悦他人迫使别人接受她，她为取悦而装扮自己，她的服装，她的脂粉把她部分交出去，部分隐藏起来。男子中若有谁意外地也在同样状况中生活，他就同样承担了女人特性。波德莱尔处于这种情况：他不以劳动谋生，这意思是说他得到的用来生活的钱并非酬劳一种可以客观估价的社会劳务，而是主要取决于人们对他的评价。同时，他对自己所作的原初选择意味着对别人的看法的异常的、经常的关心。他自知被看到，他总觉得众人的目光盯着他；他同时既取悦于人又令人不悦；他最轻微的姿态也是"做给公众看"的。他的骄傲因而受挫，他的自虐心理为之高兴。当他打扮得像一座神龛出门时，简单是在举行一场仪式。必须保护他那一身修饰，在水坑之间跳来跳去，因为他用于保护自己的种种举止多少有点可笑，还必须赋予它们某种优雅性质以便保全它们；别人的目光就在那里，把他包裹起来；在他庄重地完成他的神职要求的成千个残缺不全的微小行为的同时，他感到自己被别人侵入，被占有：可是他不是寻求通过他的仪表，他的力量，也不是通过一种社会职能的外部标记来自卫，来迫使别人接受他，而是通过他那身装饰和他的举止的优雅性：他怎么能不兼为女人和教士；不是像教士一样的女人呢？既然他在《断想集》里写下这句话，他必定比别人更加感受到，而且是在自己身上感受到神职和女人特性的联系："教会的女人特性作为其无所不能的原因所在？"可是一个女人型的男人，未必就是同性恋者。他企图用精心设计的服饰和举止来补偿他在众人目光下呈现的物的消极性，但他有时也享用这个消极性，可能他还不时在梦中把它转化成另一种消极性：他的身体在男人的欲望之下的消极性：他一直指控自己有同性恋癖，其实本无其事，其原因无疑也在此。可是，如果说他曾梦想自己被人用武力占有，那是为了满足他的邪恶习性和我们已知其原因的自虐心理。浪荡作风的神话覆盖的不是同性恋，而是裸露癖。

因为波德莱尔的浪荡作风及其要求的各种残酷的、无结果的强制，是一个神话，一个逐日培育的梦想；这个梦想引起一定数量的象征行为，但是人们知道它仅是一个梦想而已。根据他自己的说法，想当浪荡子的人必须在奢侈环境中长大，拥有巨额财产，生活悠闲。可是无论是他受到的教育还是他的貌似悠闲其实勤劳，都不符合这些要求。他诚然脱离了自己的阶级并且因此受苦：他沦落为搞艺术的，他是大使夫人"学坏了"的儿子。可是这个脱离原阶级的事实与浪荡子完成的象征性决裂丝毫对不上：波德莱尔没有把自己抬高到资产阶级之上，而是降到它之下。如同十八世纪的作家由贵族供养一样，他由资产阶级供养。他的浪荡作风是一个补偿的梦想：他的骄傲因他受辱的状况受到强烈的伤害，以致他在过着脱离原阶级的生活时努力使此一脱离好像具有一个意义。即他是自愿与原阶级分道扬镳的。不过，他心里其实一清二楚；当他指出居伊太富于激情所以不能成为浪荡子时，他知道这个看法也适用于他自己。他是诗人。那双妨碍他行走的巨大的翅膀，是诗人的翅膀，那个压在他头上的厄运，是诗人的厄运。他的浪荡作风是对一个"诗的彼岸"的不生效果的祝愿。

剩下要说的，是他的媚态既是针对其他人的防卫手段，同时也变成他处理与自己的关系的工具。波德莱尔的存在在他自己眼中总嫌不足，他在镜子里的面容对他太熟悉了，以致他视而不见；他的此起彼伏的想法与他的关系太近，以致他不能判断它们。他被他自己侵占，然而他又不能占有自己。所以他的主要努力用于找回自己。他在其他人的眼睛中寻找的他的形象总是躲开他；可是他有可能看到自己像其他人看到他一样。只要在他的眼睛和他的形象之间，在他的反省清醒和他的被反省意识之间设定一段距离，哪怕是很短的距离，就能办成这件事了。自恋者想产生对自己的欲望，他便涂脂抹粉，乔装改扮，然后以这副模样站在镜子面前，在一半程度上做到使自己萌发对自己那个骗人的他性外表产生微弱的欲望。就这样，波德莱尔装扮自己以便改模换样，然后使自己感到惊异；他在《芳法罗》里承认自己照遍了所有的镜子；这是因为他想在镜子里发现他是那个样子的。可是他对服饰的讲究，将调和他对于从外部发现自己好像一个物的渴望和他对已知项的憎恨。因为他在镜子中寻找的，是他为自己构造的那个自己。他看到其映像的那个存在不是一个陌生的纯消极性，既然他已亲手为它化妆穿衣：这是他的积极性的形象。就这样，波德莱尔再次企图消除他在选择自为存在和选择自在存在之间的矛盾：镜子中映出的这个人，这是他的自为存在正在变成自在存在，他的自在存在正在变成自为存在。在他照镜子的工夫，他对自己的感情和自己的思想做了同样的事情：他给它们穿衣服，给它们化妆，以便它们在对他显得陌生的同时仍旧是他的思想和感情，而且更加密切地属于他，既然是他造成它们的，他不能容忍自己身上有任何自发性：他的清醒马上就会刺破这个自发性，于是他就去表演他将要怀有的感情。所以他有把握控制自己的感情；创造来自他；同时他又是被创造的物。这就是波德莱尔自称的演员禀赋。

> 小时候，我一会儿想当教皇，不过是勇武的教皇，一会儿又想当演员。
>
> 从这两种幻觉我得到享受。

他在《芳法罗》里承认：

> 他生来就是正派人，作为消遣也会耍无赖——由于演员的气质——他关起门来为自己表演一些无与伦比的悲剧，或者说得准确一点，表

演悲喜剧。他若感到快活轻轻触拂他，搔到他的痒处——这一点是他必须对自己指出的——我们这个人就练习作哈哈大笑状。回忆起某件事，一滴泪水就会在他眼角形成，他就走到镜子前面观看自己流泪。假如有个把女子无缘无故醋兴大发，用针刺他或用小刀伤他，萨缪耳就自以为挨了一刀，引以为荣。当他欠下区区两万法郎债务时，他会高高兴兴地喊道：

——一个天才竟受到一百万债款的骚扰，多么凄切悲惨的命运啊！

乔装改扮，这是波德莱尔最爱做的事情：改扮他的身体、感情和生活；他追逐创造自己的不可能的理想。他只是为了让自己的一切都来自自己，才从事劳动；他要像人们修改一幅画或者一首诗那样重新审视自己，修改自己；他想对于自己成为他自己的诗，而这便是他的喜剧。谁也没有比他更深切地体验到创造活动的不可克服的矛盾。确实，创造者生产其创造品时，莫不以使它好像是他的血肉的派生物，是以他血肉的精华为目的，而且他同时希望取自他身体的这一部分像一个陌生东西一样站在他面前。波德莱尔既然试图创造他自己的存在，他难道不想做一个彻底的创造者？可是他狡诈地把一些界限强加给此一努力本身：当兰波也企图成为他自己的创造者，并且用"我是另一个人"这句名言来界定他的企图时，他毫不犹豫去彻底改变他的思想，他着手使他的所有感觉全面脱轨，他粉碎了他从自己的资产阶级出身获得的所谓的本性，其实它只是一个习惯；他不演戏，他努力真正生产一些非同寻常的思想和感情。波德莱尔，他，在路上停了下来：他害怕这个完全孤独，在这种孤独状态下生活和发明是同一件事，反省性的清醒消融在被反省的自发性里。兰波不浪费他的时间去厌恶自然：他把它砸碎如同一个钱罐。波德莱尔什么也不去砸碎：他作为创造者的劳动仅是乔装改扮和安排布置。他接受他的自发意识的所有建议：他只想对之略为加工，这里增强一点，那里减弱一点；假如他想哭，他不会去纵声大笑：他将哭得比真的还要像，如此而已。喜剧的归宿将是诗，诗为他提供他在一半程度上怀有的那个感情的被重新思考、重新创造、客观化的形象。波德莱尔纯粹是个形式创造者；兰波创造了形式和内容。

这些谨慎措施还不够：波德莱尔立刻对他的自主性产生惧意。浪荡作风、人工主义和喜剧都以使他能占有自己为目的。突然焦虑向他袭来，他弃权了，他只希望当一个由外部操纵其行动的无生命的东西。有时候，他让他的生理遗传来减轻他的自由对他的压力：

> 我有病，有病。我的性格可憎全怪我父母。由于他们，我日益萎靡。这就是做一个二十七岁的母亲和七十二岁的父亲孩子的结果。不相称的、病态的、老迈的结合。请想一想：相差四十五岁。你说你在跟克洛德·贝拿尔①学生理学。请你问一下你的老师，对于这样一种交配结出的偶然果实他有什么想法。

我们注意到这里混合了激情和谨慎：他的放弃责任，他把自己完全交给肉体和遗传摆布的行为，必须由一个审判官核准：他立即求助于克洛德·贝拿尔。可是，为了使判决更不容辩驳，他把他父亲的年龄说大十岁。这样，当他愿意的时候，他就可以逃脱生理

① 克洛德·贝拿尔(1813—1878)，法国生理学家。

学的诅咒：专家的判定将是可怕的；它将让他感到的恐惧正好达到他希望感到的程度；可是这个恐惧将并非完全是真实的，因为审理他的案件的依据已被他自己篡改了。我们在这里又找到我们已在上文描述过的机制：波德莱尔总为自己预留一条出路。

另一些时候，他求魔鬼帮忙。一八六〇年他写信给福楼拜：

> 排除了有一种邪恶的、外于人的力量在干预的假设，我就无法理解人的某些突如其来的行动或想法，这种不可能性一直纠缠我的头脑不放。

又如，在《散文小诗》中：

> 我曾不止一次成为这些发作和这些行动的牺牲品，这使我们有理由相信：似乎有恶作剧的魔鬼钻进我们的身体里，使我们不知不觉地按照他们的最荒谬的意志行事……故弄玄虚的精神……颇具……这种心情的性质，医生说这是歇斯底里心情，思想比医生稍许高明的人说这是魔鬼的心情，正是这种心情不容抗拒地促使我们去干出许

多危险的或是不合适的行为。①

　　故弄玄虚，无所为而为的行为：浪荡作风的两个主要仪式，突然变成该受诅咒的、来自外部的冲动的结果。波德莱尔无非是由人牵线的傀儡。这使他得到休息——石头和无生命存在的伟大的休息：归根结底，他把自己的行为归咎于魔鬼还是歇斯底里无关紧要，主要的是他不是自身行为的原因，而是其受害者。这以后，还要指出，他按照习惯留下一扇敞开的门：他不相信魔鬼。

　　简言之，他不忽略任何细节以便在他自己眼中把他的一生转变为命运。马尔罗②已指明，人只有在死亡时才能做到这一点。希腊的智慧也说过：谁能在死前说自己是幸福的或不幸的？一个手势，一个气息，一个想法，能突然改变整个过去的意义：这便是人在现世的状况。波德莱尔厌恶此一突然让他负起全部过去的重荷的责任感。他不愿服从我们当前的作为在每一分钟改变我们以前的行为这个铁的法则。为了使过

---

① 《恶劣的玻璃匠》。——原注
② 马尔罗（1901—1976），法国作家。

去确定不移成为它是的那个东西——不可改变，不能改善——为了使现时用它的青春活力和它令人不安的可塑性去交换逝去岁月的不变性，他将选择从死亡的观点去看待生命，就像他英年早逝，把他突然凝固了似的；他佯装已自尽身亡，而且假如说他经常拿自杀的念头来开玩笑，这也是因为这种念头能使他在每一时刻都考虑自己刚刚结束了生命。在每一刻，他虽然活着，却已在坟墓里面了；他完成了马尔罗说的那个操作；他的"不可补救的存在"就在那里，如一个命运待在他眼皮底下；他可以画一条线，算出总数；在每一时刻他都让自己处于写作《我死去生活的回忆》的态势。于是那个自由的、骄傲的罪人，地狱里的唐璜，那个叛逆者，始终，而且是在同一时刻，也是被诅咒的诗人，魔鬼的傀儡，一对老夫少妻生下的受罚的臭孩子，尤其是被一种古代式宿命钉上十字架的牺牲品。这一次，再也没有人看着他了，而且他想不知道是他自己的目光把他凝固的；可是在他的自为存在的不断更新的面貌之下，他辨认出一个固定的、不可救药的形象，他称之为他的自在存在：

一艘困在极地的船，

像落入水晶的陷阱，

寻思是哪条海峡命定，

让它进入这座牢监……

就这样，他可以再一次脚踏两头船：他有自由感，这使他的命运的无从改变性在任何时刻都变得不那么无法忍受；可是他又确信有一个命运，这是他对自己的过失的永久的辩解，也是他选中的巧妙手段以便减轻他的自主性带给他的重负。假如说死亡在他的作品中无所不在，假如说"通过一些微妙的联系，死亡比起生命把他抓得更牢"，这首先是因为死亡受到他对唯一性的敏锐感觉的召唤：因为没有比正在经过的东西，"人们永远不能见到两次的东西"更是唯一的。不过，只因为这个生存必定会结束的，他就觉得它已经结束了：假如它必定要终结，那么是明天还是今天告终就无关紧要了；终点已经在那里，就是眼前的瞬间。于是一切都像在记忆错误症患者的幻觉中那样成为过去，甚至，他正在度过的那个瞬间也已过去。可是，假如说现在时的生命是自发的、不可预见的、不可解释的，过去时的生命就是有解释、有因果锁链和有理可循的。波德莱尔既感到一切无可补救，又觉得一切还能开始，他在两者之间摇摆，在每一瞬间都安排好根据自己的最大利益从一头跳到另一头。

因为光说他耍了个智力花招以便赋予他的生活一种褪色的面貌还是不够的：他决意完成一种彻底的改变；他先选择倒退着行路，面朝过去，蹲在带走他的车子的尽里面，目光盯住后退的路面。很少有比他的一生更停滞的生涯。对他来说，二十五岁时赌局已定：一切都停下来了。他试过运气：他永远输。早在一八四六年他就花掉了他一半的财产，写出他的大部分诗篇，最终确定了与父母的关系，染上将使他慢慢腐烂的梅毒，遇到将如铅块一样压在他生命每时每刻上的那个女人，完成了将为他的全部著作提供异国情调的旅行。好像火焰短暂地蹿了一下，有过一次他经常提到的那种"震撼"，然后火就熄灭了；剩下来的只是苟延残喘。在他活到三十岁前很久，他的看法已经定型；他将要做的只是反复咀嚼它们而已。我们读《断想集》或《赤裸裸呈上我的心》时心里很难受：他在生命临近结束时写下的这些札记中没有任何新的内容，没有不是他已经说过一百遍，而且用更好的方式说过的东西。他最早的作品《芳法罗》在相反的方向也令人惊愕：一切都在那里，思想和形式。批评家们经常指出这位二十三岁的作家艺术高超。从那个时候起，他只是重复自己：跟他母亲他总是作同样的争吵，有同样的怨言，发同样的誓言，跟他的债主们他总是作同样的斗争，跟安塞勒他总是讨论同样的钱财问题；他总是重犯同样的错误而且对之作同样的谴责；在绝望之中他被同样的希望照亮。他写作关于别人作品的评论，他捡起自己从前的诗，加以修改润色，他为成千个文学创作计划而入迷，其中最早的上溯到他的青年时代，他翻译爱伦·坡的故事集；可是这位创造者不再创作；他修修补补。搬了一百次家，但是不作一次旅行；他甚至没有力量到翁夫勒去定居；社会事件从他身上滑过，不触及他。一八四八年他有点激动；不过他对革命没有表示任何真诚的兴趣。他只要求人们焚烧奥比克将军的房子。而且他很快就重新陷入他那些闷闷不乐的关于社会停滞的幻想之中。与其说他在演进，不如说他在解体。一年又一年，人们发现他依然故我，只不过更加老了，更加阴郁了，思想不那么开阔，不那么活跃了，身体更加糟了。对于一步一步追踪他的人来说，他最终的丧失理智，与其说是一个事故，不如说是他的衰颓的必然结果。

此一漫长的、痛苦的消解是他选择的。波德莱尔选择了逆向经历时间。他生活在一个刚刚发明了未来的时代。让·卡苏曾指出把法国人推向未来的那股巨大的思想和希望的潮流①：继重新发现了过去的十七世纪和清理了现在的十八世纪之后，十九世纪以为自己发现了关于时间和世界的一个新的维度；对于社会学家和人道主义者，对于发现了资本的伟力的企业家和开始意识到自身的无产阶级，对于马克思和弗洛拉·特里斯丹②，对于米什莱③、普鲁东④和乔治·桑，未来是存在的；是未来赋予现在以意义，当前的时代是过渡性的，只有参照它为之做准备的那个社会正义的世纪，才能真正理解它。今天我们难以体会这个革命和改革的巨流的伟力；所以我们难以估计波德莱尔为逆流游泳要花出多大的力气。假如他放松自

---

① 让·卡苏：《1848》，见《各种革命的剖析》。——原注
② 弗洛拉·特里斯丹(1803—1844)，法国政治家，女权运动的先驱，名画家高更的外祖母。
③ 米什莱(1798—1874)，法国历史学家、作家。
④ 普鲁东(1809—1865)，法国社会主义者。

己，他就会被卷走，被迫肯定人类的变化，被迫歌颂进步。他不愿这样做：他憎恨进步，因为进步把一个制度的未来状态当作它的现在状态的深部条件和解释。进步，这是未来至上，而未来为长期的事功找到理由。波德莱尔不愿做任何事情，他背对未来。当他想象人类的未来时，那是为了让它取得一种命定的消解的形式："世界将要终结。它还能延续下去的唯一理由，是它存在着。这个理由与所有宣告相反情形的理由，特别是与'世界今后在天空下还有什么要做的'相比，显得多么薄弱！"① 他在别处梦想"我们西方种族"的毁灭。假如他有时间考虑他个人的未来，他设想的是一场灾难。一八五五年十二月，他写道：

　　我并非确确实实老了，可是我不久就会变成这个样子。

　　一八五九年他老调重弹：

　　假如我将变成残废，或者在我未做成我觉得

　　① 《断想集》。——原注

应该做而且可以做的事情之前，就感到头脑萎缩！

另有一处：

有比……肉体痛苦……更为严重的，那是惧怕在这个震撼层出不穷的可怕生活中，看到实际上构成我的资本的那个奇妙的诗的能力，那种思想的明晰性和那种产生希望的力量磨损、衰败乃至消失。

对于他，时间性的主要维度是过去。是过去给予现在以意义。可是这个过去既非一种不完善的预示，也不是一些在其尊严和力量上与我们熟悉的物件相等的物件的前世存在。现在与过去的关系，这是逆向前进：也就是说旧的决定新的而且准确地解释新的，如同对于孔德来说，高级的解释并且决定低级的一样。进步这个概念包含的目的论在波德莱尔那里没有消失，恰恰相反：不过它的方向颠倒了。在进步主义的目的性关系中，未来的雕像解释并决定雕刻家现在制作的雏形。在波德莱尔那里，雕像安置在过去，它从过去出发，向它现在的废墟解释用于复制它的那些粗俗的仿作。他偏爱的社会制度是这样一种制度，它在其完善的、严格的等级体系中不能容忍最微小的改进。假如它变了，那是因为它腐败了。同样地，在个人身上，生命的延续只能产生衰老和分解。我记得是瑞布哈特，他在讲到五世纪的罗马人时，描写他们在一个对于他们来说过于巨大的城市里徘徊，城里满是于今凋零的昔日辉煌，充斥着他们不能理解也不能重建的神秘而卓越的建筑物，向他们证明曾经存在比他们更有知识、更灵巧的祖先。大致上这就是波德莱尔选择在其中生活的世界。他作了安排以便他的现在为一个压倒它的过去所困扰不休。何况这里讲的不是一种连续的衰落，以致每一瞬间都不如前一个瞬间——此种感觉和进步感的主要差别正在于此。这里更重要的，是一种美妙绝伦的形式曾在一个人的生命或者在历史的遥远的雾霭中出现过一次，而所有的个人事功，所有的社会制度不过是这个形式的配不上的、有罪的形象。波德莱尔深为进步这个理念取得的成功而痛苦。因为时代，当他一心瞻望过去时，把他夺走，强行扭转他的脑袋，使之面向未来。对于他，人们这样拉扯他反倒是让他经历逆向的时间，在这种处境中他感到自己像一个被逼着倒退走路的人一样笨拙，一样别扭。他只有从一八五二年起才得到休息，那时候轮到进步也变成属于过去时代的一场死去的梦。第二帝国原地踏步、死气沉沉，只关心维持和恢复，满脑门子光荣的回忆和逝去的伟大希望，在第二帝国的社会里他可以平静地过他死水一潭的日子，可以从容不迫地继续他缓慢的、摇摇晃晃的倒退行走。有必要就近审视这个如此激进的"过去主义"。我们看到，它在根源上代表某种逃避自由的企图：性格和命运是一些只向过去显示的巨大而阴暗的表象；把自己想成"好动怒"的人，其实限于确认他经常动怒而已。波德莱尔转向过去以便用性格来限制他的自由。可是这个选择还有别的意义。波德莱尔特别厌恶的，是感到时间流失。他觉得是他的血在流失：这个正在消逝的时间是失去的时间，是懒惰和懦怯的时间，是人们对自己立下而又不遵守的成千誓言的时间，是搬家、购物的时间，是这个对金钱的无休止追求的时间。可是这也是烦闷的时间，是现在永远的重新涌现。而现在与波德莱尔感到的属于他自己的那种固执的、枯燥乏味的滋味，与内心生活的半透明的模糊境界融为一体：

> 我肯定地对你说，现在一分一秒都在发出强有力的、庄严的声音，从挂钟上传出的每一秒钟的声音都在叫喊："我就是生命，难以忍受的、毫无宽容的生命！"①

在某种意义上，波德莱尔在过去中逃避的，是事功和谋划，是永久的不稳定性。像精神分裂症患者和忧郁症患者一样，他转向已经经历过的，已经做成的，无可补救的，从而为自己的没有行动能力辩护。可是在另一个意义上，他尤其寻求从他自己那里解脱出来。他的反省性清醒为他披露他活着只顾眼前，犹如一连串为虚无所冻僵的苍白的欲望和情感，他对之十分了解，然而他必须一点一滴，逐个体验它们。为了能看到自己不是像他自己造成的那个样子，而是像其他人，像上帝看到他的那个样子，像他是的那个样子，他最终必须把握住他的本性。而这个本性是过去式的。我现在是的那个人就是我过去是的那个人，既然我现在的自由始终在质疑我获得的本性。同时波德

---

① 《散文小诗·二重的房间》。——原注

莱尔没有选择放弃构成他的尊严和他的唯一性的这个清醒的意识。他最宝贵的祝愿是如石头，如雕像一样存在于不变性的安静的休息之中，但是他要求他的自由意识在它恰恰作为自由的而且作为意识时被赋予此一平静的不容穿透性，此一恒定性和此一自身对自身的完全认同。过去为他提供了自在存在和自为存在的此一不可能的综合。我的过去即是我。但是这个我是定型的。我六年前，十年前做的事，对我来说永远已成定局。我一经意识到我的过错，我的德行和我的情感，什么也不能阻止这个意识无可补救地、完整地待在我的地平线上，如同已被载我而去的这辆汽车超越，在我眼中越退越远、越缩越小的那块界石。确实，存在的事情是我有过这个意识：我曾感到饥饿，我发过怒，我受过苦，我曾是快乐的；在每一情况下，是我过去对这些事情产生的意识构成我当时的感觉的核心。而这个犹豫不决的、如此缺乏自信的意识承担着对它自身的无限责任；饥饿和快乐是因为我意识到它们才存在的。现在我不再对之负责，或者，至少，不以同样的方式对之负责；它在那里待着，是我的路上的一块石头，然而它仍是意识。而且，无疑，

175

这些化为石头的意识并不真正属于我，它们不像我现在的意识是为我所固有的那样为我所固有。不过波德莱尔选择了是这个有意识的过去。被他忽略的，被他视作一个较小的存在的，是他当前的感觉：他贬低它以便使它不那么紧迫，不那么具有现时性。他把现在变成一个缩小了的过去，以便可以否认它的实在。在这一方面，他有点接近福克纳[①]这样的作家。福克纳同样背离未来，同样藐视现在，推崇过去。可是对于福克纳来说，过去透过现在被人看到，犹如透过一堆透明的乱糟糟的东西可以看到大块钻石：他直接攻击现在的实在性。波德莱尔更加灵活，更加狡诈，他不想公然否认这个实在，他只不过拒绝承认它有任何价值。价值只属于过去因为过去存在；假如说现在呈现某种美和善的表象，那是它向过去借来的，如同月亮向太阳借光。对于现在的这种精神依附性，象征性地表示一种存在依附性，既然完善的形式合乎逻辑地应该先于其受到的各种残损而存在。简言之，他要求过去成为永恒，从而把他变成他自身；波德莱尔彻底混

[①] 福克纳(1897—1962)，美国小说家。

淆了过去和永恒。过去难道不是定型的、不变的、不受损害的吗？这样的话，波德莱尔就能感受属于颓废的那种苦涩的快感，他像传递病毒一样把这种滋味传给他的象征派门徒们。活着，这是下坠；现在，是一种堕落；波德莱尔选择了通过悔恨和遗憾来感到他与过去的联系。朦胧的悔恨，有时无法忍受，有时沁人心脾，实际上无非是对于回忆的具体把握方式。通过悔恨，他确立了与他曾经是的那个人的深厚的休戚与共关系；然而借助此举，他也维护了他的自由，他是自由的因为他是有罪的，因为过失对于他是自由最常见的显示方式。他转过身去面向他是的，他以为被他玷污了的那个过去；他隔着距离实现了对自己的本质的占有，同时又找到过失带来的那种邪恶的快乐。可是这一次他不是违背别人教给他的美德而犯下过失；他冒犯的是他自己。而且他在恶里面陷得越深，他给自己的悔恨机会就越多，对于他曾经是的那个人的记忆就越加鲜活，越加迫切，他与自己的本质的联系就越加牢固，越加明显。

　　不过必须深入一步，在这个与过去的关系中发现我们将称之为波德莱尔的诗的事实的主要内容。每个诗人都以他自己的方式追求我们已经确认为不可能的此一自为存在与自在存在的综合。他们的探索引导他们在世界上选定某些物件——他们认为这些物件是自为存在与自在存在在其中融为一体的那个实在的最明显的象征——而且通过静观把它们占为己有。我们已在别处指出，占有是一种使自身与被占有物等同的企图。于是他们就去借助符号创造一些模棱两可的本性，它们既是自为存在又是自在存在的闪光，能给他们双重的满足；因为它们是客观的本质，可供他们静观，同时因为它们源自他们，他们又能在它们中找到自己。波德莱尔在他的诗作中，也在他一生的行为中通过一种永久的挥发过程创造的物件，是他称之为，我们也将随着他称之为精神性的东西。精神性是波德莱尔的诗的事实。精神性是一个自在存在而且以这个样子显示自身：它有自在存在的客观性，一致性，持久性和身份特性。可是这个存在好比包含某种节制，它不完全存在，一种深部的审慎虽不阻止它显示自己，却妨碍它以一张桌子或者一颗卵石的方式确定自己；它以某种不在场为特征，它从来不是完全待在那里，也不是完全可见，出于极端的审慎它悬在存在与虚无之间。人们可以享用它，它不逃避：但这是种静观性的享用好比有一种秘密的轻浮性；它享用自己的享用不足。不言而喻，波德莱尔世界的这种形而上的轻浮表示的就是自为存在。谁读过《厄运》里这几句令人叹服的诗：

多少鲜花怀着憾意散放

甘甜如秘密的清香

在深深的寂寞中

都会预感到波德莱尔对这些奇怪物件的偏爱，它们好比只是轻轻拂过存在，是不在场组成它们的精神性。清香"怀着憾意"而存在，我们呼吸香味时也呼吸了憾意，香味在它把自身给予我们的同时逃离我们，它进入鼻孔，随即消失、融化。然而也不是完全无影无踪：它在那里，执着地，它拂触我们。正是由于这个原因——而不是，如同有几位好开玩笑的人所说的那样，因为他的嗅觉特别发达——波德莱尔才那么喜爱气味。我们用嘴和鼻子吸进一个躯体的气息时，我们吸进的，我们一下子占有的，是这个躯体本身，好比占有了它最隐秘的本质，或者，说透了，它的本性。留在我身上的气息，这是别人的躯体和我的躯体的融合。诚然，这个不具皮肉，化为气体的躯体完完整整仍是它自己，不过它已变成飘逸的精神。波德莱尔特别喜爱这种精神化的占有，以致人们常有这种印象：与其说他与女人做爱，不如说他"呼吸"她们。不过，各种香味在无保留地献出自身的同时，对他来说另外具有令人想起一个不可企及的彼岸的特殊力量。它们同时既是不同的躯体，又好像是躯体的否定，在它们里面有某种东西得不到满足，它与波德莱尔永远想置身别处的渴望融成一片：

> 犹如别人的精神在音乐之上航行，
>
> 我的精神，爱人啊，在你的香气上游泳。

由于同样的原因，他将喜爱黄昏时分，荷兰雾蒙蒙的天空，"蒙着轻纱的温暖的白色日子"，"有病的年轻躯体"，所有那些像是受伤的、碎裂的或者滑向它们的终点的存在，不管是人还是物：他同样喜爱"小老太婆"和在曙光中黯淡下来，好像在其自身的存在中摇晃的灯光。穿过他的诗篇的那些美丽的女人因其慵懒和缄默也令人想起某种含蓄。何况她们都是些未成年的少女，没有达到如鲜花盛开的那种丰盈，而且描写她们的诗句善于向我们提示，她们都是懒洋洋的年轻动物，在土地表面滑过而不留下痕迹。她们在生活的表面滑过，心不在焉，无聊，冷淡，带着微笑，全神贯注一些琐屑的礼仪。所以我们将随着波德莱尔，称那种让自己被各种感觉攫住而且与意识最为相像的存在为精神性。波德莱尔的全部努力在于找回他的意识，以便像在手心里占有一件物那样占有它。因此他在空中逮住所有提供一种客观化的意识的表象的东西：香气，经过筛滤的光线，远处传来的音乐，他那个不可捉摸的存在的种种如同圣餐饼一样立刻被吸收，被消费掉的形象。他渴望触摸一些变成思想的东西，他自己的思想的具体化身，这个渴望一直纠缠他：

> 我经常想，那些为非作歹的、令人恶心的野兽可能是人的邪念被赋予活力和形体，诞生为物质生命的结果。

他的诗作本身就是一些"被赋予形体"的生命，这不仅因为它们在符号中取得形体，尤其因为以精心安排的节奏，以他赋予词语的那种有意犹豫不定的、几乎消隐的意义，也以一种不可言传的韵致，每首诗都是一个含蓄的、飘忽的，与一股香味极为相像的存在。

不过，使女人与香味最为接近的，是一个物的意义。一个有意义的物件越过它的肩膀指示另一个物件，一个普遍处境，地狱或天堂。意义作为人的超越性的形象好比是物件对自身的超越的凝固状态。意义在我们眼皮底下存在，但是它并非真正可见：它是空气中的一道痕迹，一个不变的方向。它是承担它的那个在场的物件与它指向的那个不在场的物件的中介，它在自己身上留住一些属于前者的成分，同时已经宣告后者。它从来不是完全纯净的，在它身上总有好比是对于它从之派生的形式和色彩的记忆，然而它又把自己设定为一个越过存在的存在，它不铺展延伸，它节制自己，它略作摇摆，只有最敏锐的感觉才能接近它。波德莱尔的忧郁始终要求一个"别处"，对于他来说，意义便是不满足感的象征；一个表示意义的物是一个不满足的物。它的意义是思想的形象，它设定自身为一个陷没在自在存在里的自为存在。我们将发

觉，在波德莱尔那里，香味、思想和秘密差不多是同
义词：

> 有时你能找到一个古瓶，余香犹存，
> 从其中冒出一个复活过来的灵魂。
> 沉睡的无数思想，像阴暗的幼蛹，
> 在浓重的黑暗之中悄悄地颤动，
> 现在鼓起它们的羽翼翩翩飞翔……①

> 藏着秘密的大橱，摆满许多珍品，
> 葡萄酒，香料……②

> 多少鲜花怀着憾意散放
> 甘甜如秘密的清香。③

　　波德莱尔之所以那么喜爱秘密，那是因为它们
显示一个永久的彼岸。怀有秘密的人不是整个儿位
于自己的躯体内，也不处在当前的瞬间；他在别

---

　　① 《恶之花·香水瓶》。——原注
　　② 《恶之花·美丽的船》。——原注
　　③ 《恶之花·厄运》。——原注

处；我们看到他的不满足感和心不在焉的样子，就能预感这一点。他的神秘减轻了他的分量，他对现时的压力就不那么大，他作为自在存在就不那么咄咄逼人，或者借用海德格尔的说法，对于他的亲友"他不限于他是的那个人"。然而秘密是个客观存在，它可以被一些符号披露，或者一个沉默的场面能让我们捕捉到它。在某种意义上它位于外部，位于我们前面，我们是它的见证人。不过它几乎让人猜不到，它由一个面部表情，一个姿态，几句暧昧的话来暗示，来提及。所以这个是物的深部本质的存在，也是物的最精微的本质。它几乎不存在；而且任何意义，只要我们难以发现它，都能当作一个秘密。因此波德莱尔将怀着激情去寻找所有东西的香味和秘密。因此他将试图夺取颜色的意义，因此他将写道，紫罗兰色意味着：

　　含蓄、神秘、蒙着薄纱的爱情，享有教俸的修女的颜色。①

~~~~~~~~~~

　　① 《断想集》。——原注

他之所以向斯威登堡①借用了相当模糊的应和概念，主要不是因为他服膺此一概念包含的形而上学，而是因为他希望在每一个实在中找到一种凝固的不满足，一个向别的东西发出的召唤，一个客观化的超越；这是因为他渴望

> ……穿越用熟识的目光
>
> 将他注视的象征的森林。

最终，这些超越行为将扩展到全世界。世界的整体将是能指的，而波德莱尔将在这个由一些同意丧失自己以便指示别的物件的物件组成的等级秩序中找到他自己的形象。他尽可能远离纯物质世界；可是波德莱尔在能指的世界里收回他失去的。他不是在《散文小诗》的《邀游》里写道：

> 在那如此宁静的美丽国土上……你不会被镶进你的同类之中，你不能，借用神秘思想家的话来说，在你自己的应和物之中映出你自己的身影吗？

这就是波德莱尔的努力的终点：把自己等同于整

---

① 斯威登堡（1688—1772），瑞典学者，他创立了一个神秘教派。

个世界，从而在其永恒的"差异性"中把握他自己，实现他的他性。这个以其无边无际的整体性包围他的世界一经减轻、挖空、装满了象征和符号，便成为他自己；这个那喀索斯想拥抱和关照的是他自己。美本身也不是包含在一个画框、一种诗体、一首乐曲的狭窄界限之内的一种诉诸感官的完善。美首先是暗示，即它是此类古怪的、锻炼而成的实在，自为存在和自在存在在其中融成一片，自在存在把自为存在客观化和固体化，自为存在减轻了自在存在的重量：他之所以赞赏康斯坦丁·居伊，是因为他在后者身上看到：

> 描绘情境和为情境暗示的一切永恒因素的画家……

他在别处写道：

> 正是这种对于美的令人赞叹的、不变的本能，使我们把人间及其众生相看作是上天的一隅，看作是上天的应和。我们对于人生启示的彼岸的一切怀有一种不可满足的渴望，这便是我们的不朽之最生动的证据。正是由于诗，同时也通过诗，由于而且同时也通过音乐，灵魂窥见了坟

墓后面的光辉；一首美妙的诗使人热泪盈眶，这眼泪并非极度快乐的证据，而是表明了一种被激发的忧郁，神经的一种请求，一种在不完美中谪居的本性，它想立即在地上获得被揭示的天堂。因此，诗的本质不过是，也仅仅是，人类对一种最高的美的向往，这种本质表现在热情之中，表现为对灵魂的劫持；这种热情是完全独立于激情的，激情是一种心灵的迷醉，也是完全独立于真实的，真实是理性的材料。因为激情是一种自然之物，甚至过于自然，不能不给美的领域带来一种不舒服、不谐和的色调；它也太亲切，太猛烈，不能不败坏居住在诗的超自然领域中的纯粹的愿望、动人的忧郁和高贵的绝望。

全部的波德莱尔，都在这段文字里：我们在其中找到他对于丰盈的自然的憎恶，他对不满足感和令人恼怒的感官享受的喜爱，他对彼岸的向往。不过我们不要误会他对彼岸的向往。人们经常谈到波德莱尔的柏拉图主义或者他的神秘主义，好像他渴望挣脱自己的肉身束缚以便如《会饮篇》中描写的那样面对纯理念或绝对美。事实上，我们在波德莱尔那里找不到为神秘主义者特有的那种努力的丝毫痕迹。因为那种努力，必与彻底放弃尘世和非个人化相伴。假如说他的作品中无处不见对彼岸的思念、不满足和对现实的超越，他却总是在这个现实的内部自怨自嗟。对于他来说，超越从围绕他的万物出发，指示自身的踪迹，画出自身的雏形；甚至万物必须待在那里，以便他能有超越它们的乐趣。他会厌恶飞升上天，把地上的财富留在下面；他需要的恰好是这些财富，但这是为了能蔑视它们，他需要监狱，以便能永远感到自己马上就要越狱；简言之，不满足感不是一种真正的对彼岸的渴求，而是照亮世界的某种方式。对于波德莱尔和对于伊壁鸠鲁主义者一样，唯有尘世是重要的，但是他们不以同样的方式安置尘世。在我们刚才引用的那段文字里，高级的美是通过诗被寻找、被窥见的。重要的正在于此：这个运动如一柄利剑穿透诗，然后探出头来趋向彼岸，可是就在此时，它既然完成了任务，便消失在虚空中。实际上，这是一个诡计，旨在赋予万物以灵魂。《断想集》中为美下定义的那句名言为我们披露了这个诡计："某种有点朦胧的东西，为猜测留下广阔天地。"何况在波德莱尔那里美总是特殊的。或者更确切地说，令他陶醉的是某一剂量的个性和永恒，永恒在个性背后隐约可见。他说："美是由一种永恒的、不变的因素和一种相对的、具体的因素组成的。前者的数量极难确定，至于后者，不妨说它将轮流是，或者兼为时代、时尚、道德、激情。"

不过，假如人们进一步想知道这个闲逛者，这个吸食大麻者或者这个诗人通过物隐约看到的意义是什么，我们不得不承认它们与柏拉图的理念或者亚里士多德的形式不相似。波德莱尔无疑可以写道："热情应用于抽象概念之外的事物，便是软弱和疾病的征兆。"不过，实际上我们在任何地方都没有看到他从一个特殊的本性出发，关心如何把这个本性的主要和抽象特征固定下来。"本质"对他无关紧要，对苏格拉底的辩证法他一窍不通。显然，通过某个路过的女人，不管是陶洛蒂或者马拉巴尔女子，他瞄准的不是女性特征，即使女性有别于男性的全部性状；他甚至可以像柏拉图学院的那个希腊对手一样说："我看见马，而不是马性。"只要重读一遍《恶之花》就能理解：波德莱尔要求于意义的，不是如同普遍性超越它依据的个别例子那样超越能指的客体，而是像一种方式那样，成为一种更轻盈的东西以便越过一个更稠密、更笨重的存在，如同空气从多孔的、沉重的土地逸出，尤其如同灵魂穿过肉体：

> 有种强烈的芳香能渗透
>
> 一切物质，甚至穿透玻璃。①

密度最大的固体被一种气态物质渗透，后者的不坚实性形成其精神性：在波德莱尔那里这个印象是主要的。这个浸透了香味的玻璃杯洁净、光滑，没有记忆，然而同时被一种残留物死死纠缠，被一种气体穿过，对于他来说这是在能指的物和意义之间建立的联系的最明白不过的象征。意义的这种玻璃状的半透明性，它的不可补救的幽灵般的性质为我们指示了途径：意义便是过去。当一个物对于某一过去而言是多孔的，当它激励精神为趋向一个回忆而超越它时，这个物对于波德莱尔就是有意义的。香味、灵魂、思想、秘密：所有这些词都指向回忆的世界。夏尔·杜博说得有理："对于波德莱尔，唯有过去是深刻的：是过去把第三个维度传递给一切东西，印在一切东西

———————

① 《恶之花·香水瓶》。——原注

上。"于是，如同我们已经指出波德莱尔混淆永恒和过去，我们现在可以指出他混淆过去和精神性。与柏格森的那本书一样，波德莱尔的著作可以用"物质与记忆"做标题。这是因为普遍的过去——不仅是他的意识的过去——如同一种完全符合他的愿望的存在方式奉献自身。过去存在，因为它是不可补救的，是供消极观望的纯粹客体；然而同时它不在场，不可触及，枯萎褪色却风韵犹存；它拥有波德莱尔称之为精神的幽灵般的存在，而这是我们的诗人唯一能与之相处的存在；关于种种已往享乐的沉思，与这种恼怒、这种来自神经的请求、这种不满足感是相伴相随的，后三者对他很宝贵。它在远方，"已经比印度和中国更远"，然而没有什么东西比它更近：这是存在后面的存在。它就是饱经苦难的老妇人，"怀着在黑暗中深受压抑的勃勃雄心"的脸色阴沉的男子们，最后也是撒旦的"秘密"——在天使中间唯独撒旦保有个人回忆。波德莱尔屡次承认，理想的存在对于他来说是一个在现在时带着一个记忆的所有特征而存在的物。他在《浪漫艺术》中这样希望：

　　　　过去在保留其幽灵的风趣的同时，将接过生

命的光明和运动，把自己变成现在。①

而在《恶之花》中：

    过去在现在中重建

    其魅力深邃神奇令我们陶醉。②

我们已看到，在他自己心目中，他的诗企图实现自在存在和自为存在的客观结合。

大体上，这就是波德莱尔的肖像。可是我们试图作出的描写与肖像相比有个不足之处，即它是连续性的而肖像是同时性的，唯有对一张脸，一个举动的直觉能使我们感到，这里相继提及的特征实际上是在一个不能分割的综合之中重叠交错的，每个特征同时既表达它自身也表达所有其他特征。我们只要能看到波德莱尔生活，哪怕是一分钟，就能使我们分散的观察组织成一个整体认识：直接感知，确实由一种模糊的，用海德格尔的说法是"前本体论的"理解相伴随，这种理解在诸说混合论的无差别状态中压缩、包容对象的主要特征，往往需要好几年工夫才能澄清。

〰〰〰〰〰〰〰〰〰

① 《现代生活的画家》。——原注
② 《恶之花》第三十八篇之二。——原注

在缺乏这种直接理解的情况下，我们至少可以作为结论，指出波德莱尔的所有行为和所有情感之间的紧密的相互依赖性，强调每一特征通过一种奇特的辩证法"进入"所有其他特征，或者让人窥见其他特征，或者召唤其他特征以便补足自己的方式。这种徒劳的、干枯的，好像在恼怒的张力组成他的内心气候，对于认识他的人来说，这种张力见于他专断、生硬的声音和他冷淡的、神经质的姿势，它无疑是他对于本性，自身之外的和自己身上的本性的仇恨的结果，它表现为及时脱身，摆脱干系的努力；对这种张力最好的形容，莫过于把它比作一个关在水淹的地牢里的囚徒的轻蔑、焦虑、僵硬的态度：他眼看水面沿着他的躯体上升，把脑袋甩向后面，以便尽可能至少延长他身上最宝贵的那一部分，思想和目光栖身的所在，维持在浑浊的水流之上的时间。不过这个斯多噶派的态度同时实现了波德莱尔在所有层面上追求的两重人格；他给自己套上缰绳，装上刹车，他审判自己，他是自己的证人和刽子手，搜索创口的刀刃和雕刻大理石的凿子。他绷紧自己，加工自己，以便对他自己永远不是一个已知项，以便能在每一瞬间对他是的那个样子承担责任。在这个意义上，我们很难区别他强加给自己的张力和他为自己表演的喜剧。不管它是酷刑还是清醒，假如我们从另一个途径去把握它，此一张力就显示为浪荡作风的主要内容或者斯多噶派的 askesis（禁欲）；而且，它同时是对生命的厌恶，是永远害怕弄脏自己、牵连自己，他对自发性的监察相当于一种坚决的消毒处置。通过压制他的行动，通过一下子把自己放置在反省层面上而且永远不离开，波德莱尔选择了象征性的自杀；他慢慢地杀死自己。此一张力同时也确定了波德莱尔式的"恶"的气候。因为在他那里罪行是策划好的，坚定不移的，几乎是强制完成的。恶与放任自流毫无相通之处：这是一种反善，它应该具备善的所有特征，只不过改变了符号而已。既然善是努力，是锻炼和自制，我们将在恶里面找到所有这些特征。就这样，波德莱尔的"张力"感到自己是受诅咒的，而且愿意自己受诅咒。我们曾揭示的他对有节制的快感的偏爱，以同样方式表达了他对松垮懒散的憎恶；此一偏爱，由此与他的性冷淡，他的不育性，他的彻底缺乏仁爱和度量乃至与我们刚才描述的他的张力融为一体：要紧的是在寻欢作乐中重新驾驭自己；正当他就要淹没在享乐之中时，他必须感到有个嚼子把他往后拉；在这个意义上，他在性交时唤起的幻觉，他的审判官们，他母亲和那些观察他的漂亮女人，都负有在他即将沉溺于纯感觉中时伸手挽救他的使命；甚至他的阳痿好像也是有意引发的，因为他害怕自己过于享乐。不过，另一方面，他之所以在快乐中有所节制，那也是因为他既然以不满足为原则，便选择了在不满足中，而不是在占有中得到快感。我们知道他追求的目的是他自身的这个奇特形象，即自为存在和自在存在的牢不可破的结合。然而此一结合是不可企及的，其实他自己也明白这一点：他以为达到它了，触拂到它了，可是正当他要拥抱它的时候，它却消失了。所以为了对自己掩盖他的失败，他需要说服自己相信，浅尝即止就是真正的占有，而且通过全盘改变他所有的欲望，他将在一切领域寻求这种令人恼怒的触拂以便对自己证明这是唯一值得希望的占有。于是他决定把欲望的满足与因欲望得不到满足而起的恼怒混为一谈。之所以如此，也因为除了他自己他从未有过别的目的。在正常的快乐中人们享用客体，忘却自身，然而在此种恼人的痒感中，人们享用的是欲望，即享用自身。对这种悬在半空的、被他化作他自己的生活的生活，这种无休止的神经紧张，他再次赋予另一个意义：这种生活代表谪落尘世的上帝的彻底的不满足感。于是他使用它像一件武器以便发泄他的怨恨：对他母亲，他让她看到他如何痛苦；不过如果我们仔细端详，这些痛苦其实与他的快乐融为一体。因为不满足而诅咒上天或者选择不满足感作为快感的深层意义，这是一回事，其暧昧仅在于相对第一个事实而言态度略有改变。当他想通过一种凝固的超越对善行使报复时，此一精心培育的痛苦仍在帮他的忙，同时它使他能够最终确实自己的他性。可是在他对自我的极端肯定和他对自我的终极否定之间，再次不存在差别。因为当他完全否定自己时，他想自杀；然而在他那里，自杀不是对绝对虚无的渴求：当他设想结果自己时，他要的是取消自己身上的本性——他把本性等同于现在和意识的朦胧境界。他要求自杀的念头帮他一个小忙，轻轻一弹指以便他能把自己的一生看作不可补救的，业已完成的，也就是说看作一个永恒的命运，或者假如人们喜欢另一种说法，看作一个封闭的过去。在结束自己生命的行为中，他主要看到对于自己的存在的最终收复：是他一笔勾销账目，是他通过终止自己的生命最后把它变成一个本质，这个本质将同时既是永远被给予的，又是永远由他自己创造的。这样他就摆脱了他无法忍受的在这个世界上当多余的人的感觉。只不过，为了享用他的自杀的结果，显然他必须能在死后继续存在才行。因此波德莱尔选择了把自己做成幸免于死者。假如说他没有一下子结果自己，至少他已做到使他的每个行为都成为他未能给予自己的死亡的象征性对等物。性冷淡、阳痿、不育、缺乏度量、拒绝效力、过失：所有这一切，再一次都是自杀的对等物。对于波德莱尔来说，肯定自身确实就是把自己当作一个纯粹的不活动的本质，也就是说实际上当作一个回忆；而否定自身，这就是想一劳永逸地成为仅是自己的回忆组成的不可补救的锁链而已。他喜爱诗的创造胜过所有种类的创造活动，而在他那里，诗的创造与他不断咂摸的自杀相接近。诗的创造诱惑他，首先是因为它允许他毫无危险地行使自己的自由。不过，尤其是因为它远离令他深恶痛绝的馈赠的一切形式。他在写一首诗的时候不想给予人们任何东西，或者至少他只想给人们一个无用的物件。他不效力，他始终是吝啬的，把自己封闭起来的，他不受他的创造的牵累。同时，节奏与诗行的强制性，迫使他在这个领域继续他通过化妆打扮和浪荡作风实行的禁欲主义。他包装他的感情犹如包装他的身体或姿态。波德莱尔的诗也有一种浪荡作风。最后，他生产的那个客体不过是他自己的一个形象而已，它提供自在存在和自为存在的一种综合的表象。而当他企图占有这个客体时，由于他仍在很大程度上陷入其间，他就不能完全占有它，他仍旧得不到满足：就这样，欲望的对象与欲望配合，最终组成这个僵硬、邪恶、不知满足的总体，即波德莱尔本人。我们看到，自我否定"进入"自我肯定如同在黑格尔的辩证法里自杀变成延续生命的一种手段，痛苦，有名的波德莱尔式的痛苦，具有与快感相同的隐秘结构，诗的创造与不育性结亲，所有这些暂时的形式，所有这些日常态度相互融合，出现，消失，当人们自以为远离它们时又重新出现；它们不过是在用不同的调性重复一个巨大的原始主题时予以变化而已。

我们已经知道这个主题，我们的视线一分钟也没有离开它：这就是波德莱尔对自己做的原初选择。他选择了如同他对于别人是一个自在存在那样对于自己是个自为存在。他要求他的自由对他好像是个"本性"，而其他人在他身上发现的那个"本性"，对他们好像是他的自由的流露。从这一点出发，一切都昭然若揭了：这个我们曾以为是随波逐流的悲惨的一生，我们现在明白是他自己精心编织的。是他设法做到使自己的一生仅是一种死后的继续存在，是他在他的生命开始时就让它负担一大堆乱七八糟的东西；黑人女子、债务、梅毒、家庭监护会，这一切将成为他的终生累赘，将终生逼迫他倒退着走向未来，是他发明了这些穿过他的烦闷岁月的美丽女子，玛丽·迪布伦和院长夫人。是他精心划定他的生存的界限，决定在一个大城市里受尽煎熬，拒绝对生活环境作任何实实在在的改变，以便更好地在他的房间里追求想象的逃遁，是他通过不断改换住所来佯装向前逃跑，从而用搬家代替旅行，是他受到极度伤害之后同意离开巴黎，但只是为了前往另一个仅是巴黎的漫画像的城市，还是他自己愿意在文学上成败参半以及在文学圈子里得到这个既辉煌又可怜的孤立。在他如此封闭，如此紧凑的一生中，似乎有一个事故，有一次偶然性的干预使他能够松一口气，带给自我惩罚者一个喘息的机会。可是我们在他的一生中徒然寻找一个不由他清醒地承担全部责任的场合。每个事件都向我们发回他从第一天到最后一天曾是的那个不可分解的总体的印象。他拒绝作试验，没有任何来自外部的东西改变他，他什么也没有学到；奥比克将军之死几乎没有改变他与母亲的关系；至于其余，他的故事是一个非常缓慢的、非常痛苦的解体过程。他二十岁时是什么样子，临死前还是什么样子；他只是更加阴郁，更加神经质，不那么活泼了；他的才智，他令人赞叹的聪明，只剩下一些回忆。无疑这就是他毕生寻找的他的特殊性，这个只能出现在其他人眼中的"差异性"：他是一个在密封容器中进行的试验，某个类似《浮士德》第二部中的 homunculus（小人精）的东西，而这个试验的近乎抽象的情状使他能以一种无与伦比的光辉为下述真理作证：人对他自己所作的自由选择，与所谓的命运绝对等同。